JN410897

黃松文 詩集

湖南平野

머리말

해묵은 간장처럼 오랫동안 묵혀두고 싶었다. 「호남평야」는 그렇게 세월이 가는 대로 묵혀두면서 가끔씩 풀도 뽑아주며 애지중지 가꾸고 싶었다. 그런데 오래 붙들고 있다고 해서 그렇게 좋아지는 것도 아니었다. 오히려 부담이 되기도 하였다. 어쩌면 나의 「호남평야」에 나의 발목이 잡혀서 자유로울 수가 없기도 하였다. 세월은 바야흐로 대학에서 정년을 맞게 되었다.

그리고 미국과 일본이 한반도와 필리핀으로 진출하겠다는 밀약을 한지 어느덧 100년이 지나갔다는 생각이 가슴을 쳤다. 정신이 번쩍 들었다. 이래서는 안 되겠다는 생각이 들었다.

백년 전인 1905년 미국 루즈벨트 대통령 당시 일본 토쿄에서 미 육군장관 태프트와 일본 수상 가쓰라 사이의 밀약, 미국의 필리핀 진출과 일본의 한반도 진출을 상호 눈감아 주자는 밀약 이후 우리나라는 일본의 질곡에 묶이지 않았는가.

호남평야 곡창지대의 기름진 쌀을 군산항에서 일본으로 빼돌리고, 나물 캐던 처녀들을 정신대로 붙들어가던 그 치욕의 역사를 청산해야 하는데, 친일파는 청산되지 않고, 미국행 원정분만과 병역기피를 위해 국적포기자가 줄을 잇는 판국에 「호남평야」는 더 이상 묵정밭으로 묵혀둘 이유가 없게 되었다.

이 시는 지난 1999년 7월(통권 336호)부터 2000

년 6월(통권 347호)까지 월간 『詩文學』지에 1년간 연재되었고, 좀 뜸을 들였다가 2005년 7월호 『시문학』지에 마지막을 마무리한 작품이다. 이 책을 통해서 우리의 역사의식을 되살리고, 세계화 일변도로 치우치는 차제에 우리의 원심력과 구심력이 균형과 조화를 이루어 우리겨레의 정체성을 회복하는 데 보탬이 되기를 바란다.

단기 4340년(서기 2007년) 8월 1일
용마산방에서 황송문 적음

머리말

Ⅰ. 호남평야湖南平野

I

호남평야……

서시序詩

그물에 걸리지 않는 바람처럼
간장 독에 구름이 놀다 가고,
토란잎에 맺힌 이슬 속에는
우주와 천주가 들어 있어서
해가 뜨기 전 새벽 들판을
계백 장군 말갈기 날리며 달리다가
문득, 깨어보니 인생의 바둑판

흑黑을 쥐기도 하고
백白을 쥐기도 하다가
변두리로 변두리로만
정석定石을 놓아 가다가
때로는 축丑으로 몰리다가
단념하고 집나기를 하면서
무심코 집어든 기왓장에서
만나게 된 백제의 미소
죽은 듯이 살아 숨쉬는
호남평야湖南平野에서
이중섭의 흰 소를 만나고

성권영의 들판의 소를 만나
지국총 지국총 해돋는 나라로
한 모금의 시詩를 작당한다.

역사를 조문弔問하는
개구리들의 울음소리에서
선仙과 선禪을 달관하는
깨달음을 얻다가 깨어 보니
인생은 뜬구름……

詩의 보자기로 구름 잡는
하늘 한 자락……

외얏밋들 1

겨울이 추우면 추울수록
이듬해 살아나는 청보리는
더욱 더, 한층 더 푸른 법이라고.

더렵혀진 땅에 빨래하는 보리들이
우우 일어나는 벙어리의 몸짓으로
벌떼처럼 지그재그로 치달린다.

목화씨를 배던 땅에
함박눈이 내리면
멧새들 포르르 날아오르고
대밭의 비비새는 비비비비
그게 아니라고 非非非非
피묻은 역사책을 물어 나르고.

징게 맹경 외얏밋들
끝없이 펼쳐진 청보리밭
저 멀리 눈을 들어 올리면
서해 낙조落照 눈시울 그렁그렁

동서로 120리, 남북으로 200리
하늘땅이 스며드는 지평선상에
풋풋한 봄으로 염색染色을 한다.

외얏밋들 2

밤하늘 반짝이는 잠샛별
잠샛별 같은 별떨기
별떨기 같이 순한 눈을 지닌
농부들, 농군들, 동학민병들……

농기구로 싸운 농부들이
논과 밭에 흩어진 이삭처럼
이름도 없이 빛도 없이
관군과 왜군에 연달아 죽어갔다.

얼음장 밑에서 물이 흐르고
눈보라 속에서도 보리가 자라듯
피를 머금은 외얏밋 들녘에
농부가가 어럴럴럴 일어난다.

두리 둥둥 두리 둥둥
깨갱매 깽매 깽매깽—
어럴럴럴 상사뒤어
어여 여영루 상사뒤어—

이마 우에 흐르는 땀은
방울방울 향기 일고
호미 끝에 일어난 흙은
댕기 댕기 황금이로구나—

유장한 소리 들녘을 휩쓸면
가난과 굶주림의 엄동을 넘어 온
할머니의 빈 젖가슴 같은
속 아픈 지평선상에 눈물 뿌리며
피묻은 역사책을 빨아 넌다.

외얏밋들 3

밑거름을 먹은 산천초목처럼
피를 먹은 태극기의 물결같이
끝없이 펼쳐진 청보리 밭에서
겨레붙이의 만세소리를 듣는다.

삼동三冬을 견디어온 청보리는
엄동설한에도 얼어죽지 않고
뿌리를 언 땅에 뻗은 채
푸른 잎까지 하늘을 사모하고
짓밟힐수록 일어서는 정신으로 살았다.

짓밟히는 흙이 온 들녘을 포용하듯
새아침 청보리의 나라 시민으로
너울너울 매스게임을 펼치는
저 끝없는 대자연의 화음……

윗입술과 아랫입술같이
하늘과 땅이 맞닿은 지평선에
청보리 물결이 능선의 날개 펼치면

남풍은 지그재그로 보리밭을 휩쓸어
대자연의 머리카락 휘날리게 했다.

들녘을 사랑하는 바람이
청보리를 어루만지고 쓰다듬어도
추행이라고 할 수 없는
지순至順한 백성들의 들녘에
섭리 역사의 해는 뜨고 진다고
자연의 계시록은 암유暗喩하고 있었다.

외얏밋들 4

건강한 황토에 피를 뿌리며
흰옷 입은 농부들이 연달아 죽어갔다.

해가 뜨고 지는 들녘
홍시처럼 떠오르던 햇덩이가
바다 속으로 미끄러져 들어가는
노을진 들녘의 피를 보다가
언 땅에 귀를 대면
영기令旗 들고 일어서던
동학민병들의 고함 소리……
징소리 지잉 지잉— 몰려온다.

하늘을 지붕 삼고
땅을 베개삼고 누운
논두렁 밭고랑을 파헤치던
낫과 쇠스랑, 죽창 들고 일어서서
관군 왜군과 싸우다가 죽어간
농부들의 백골이 나오나니,
밝은 귀를 지닌 자들이여!

맑은 눈을 가진 자들이여!
두 눈 부릅뜬 혼령 앞에
경건敬虔히 무릎을 꿇고
차진 흙에 입을 맞추거라!

피어린 영기令旗 휘날리며 나아가는
동학민병의 짚신 발 풀잎에 스치는 소리
겨레 심장 흔들어 깨우는 징소리—
시대의 잠을 깨우는 북소리—
진군의 나팔소리 아우성으로 들려온다.

외얏밋들 5

언제나 고요함이 저자서는 들녘에서
'사랑과 슬픔의 볼레로' 음악을 듣는다.

언제나 하늘을 머리에 이고 살듯
눈을 머리에 이고 사는 풋보리들은
푸른 정신을 양육하는 대지의 어머니.

눈보라와 얼음의 험산준령
엄동설한 빙벽을 넘고 넘어
헐벗고 굶주리면서도
모든 것 다 나라에 바치고
자녀들만 살려낸 어머니처럼,
얽고도 넉넉한 민초民草들이
기지개를 켜면서 우우우 일어선다.

오오, 헐벗은 우리네 들녘
나라가 위태로울 때마다
의병의 이름으로, 농민군의 이름으로
팔을 걷어 부치고 나서서 피를 뿌린

우리네 이름 없는 민초들이
눈 속에서 벌떼처럼 솟아오른다.

말을 못하는 벙어리들 차전놀이 하듯
눈 속에서 우우우우 솟아오른다.

무덤 속의 눈 I

지평선상에
함박눈이 내려 쌓이는 지평선상에
반원半圓의 무덤들이 눈을 맞는다.
눈이 내리면 내릴수록
무덤들은 지평선을 닮아가서
하늘과 맞닿은 대지 위로 누워
역사의 암사지도暗射地圖를 편다.

지도는 흉한 손금,
온종일 고향 눈만 내리고
두 눈만 살아 남은 해골들이
붉은 흙 속에서 노려보고 있다.
눈을 맞는 갈대밭에 귀를 대면
할머니의 어머니, 상할머니의
물레 소리 달달달달 들려온다.

달달달달 다르륵……
달달달달 다르륵……

물레를 돌리면서 돌리면서
흥얼흥얼 흥얼거리던 넋두리,
남편 생각 자식 생각에
물레를 돌리다가 울다가
가슴앓이 하던 할머니가
아카시아 뿌리 물고 노려본다.

눈을 맞는 무덤 가에 귀를 기울이면
할머니의 물레 소리 울려온다.
청대 같은 자식을 일제 징용에 날리고
백옥 같은 딸자식 정신대로 빼앗기고
까무러치던 언덕에서 화병이 도질 무렵
노을도 얼근한 김에 퍼질러 앉아 울었다.

무덤 속의 눈 2

지평선상의 무덤
반원의 묘지 위로 해가 오르면서
풀밭으로 공습을 가하게 되면
백골들이 피리를 불기 시작한다.

목숨 질긴 쑥을 캐다가
딸자식 정신대로 빼앗기고 돌아오다
까무러치던 언덕바지에 퍼질러앉아
하염없이 눈물 뿌리며 하늘을 본다.
고려청자처럼, 조선백자처럼,
입을 곱게 벌리고 하늘을 본다.

해가 홍시처럼 익어지도록
풀잎을 쥐어뜯으며 쥐어뜯으며
지렁이 울음을 흙 속에 묻던
퀭하게 뚫린 눈들도 하늘을 본다.

지렁이같이
흙 속을 기며 사는 지렁이같이

토막 난 지렁이 꿈틀거리듯
낮은 포복으로 낮은 포복으로
인욕의 세월, 어둠 속에 잠겼다가
햇빛보고 죽으려고 양지로 눕는다.

홍시처럼 익은 해가
묘지墓地에 내리면
고향 눈도 스르르 한 풀어 녹는다.

장타령꾼의 눈

숟가락으로 젓가락으로
미제 깡통을 두들기며
어허 시구시구 들어간다고
야, 이놈의 깡통들아
깡통 소리만 요란하냐고
제발 무시하지 말드라고, 잉!
그렇게 없신여기시 발느라고.

요새 판검사, 변호사들
속 구린 것 들쳐볼라 치면
세상에 워디 먹을 게 없어서
허가낸 법으로 등쳐먹겠소
법으로 빌어먹은 그 양반들은
우리네 똥이나 빨드라고, 잉.

워넌히 워넌히 안그럴랍디어
우리들 비렁뱅이도 양심은 있었오.
법도가 있었고, 규율도 엄했소.
어허, 시구시구 들어가면서도

요즈음 판검사, 변호사들처럼
그렇게 싹수 노랗게는 안 살았오.

작년에 왔던 각설이가
죽지도 않고 또 왔다고
어허, 시구시구 들어가면서
시구시구 쑤시고 다닐 적에
숫기 왕성한 젊은 놈이
아녀자를 겁탈했다는 디
워쩔 것이요, 워쩔 것이요.

우리들은 요즈음 법관들처럼
그렇게 법으로 비럭질하지는 않혔제!
넘실넘실 흐르는 만경강으로
달빛은 교교히 흘러내리는 디,
모래밭에 눈물 뿌리며 뿌리면서
깡통 밥에 숫기 넘친 총각놈을
산 채로 강변에 묻어버렸다고요!

오살할 놈, 육시랄놈, 썩을놈, 잡놈!
온갖 욕설을 다 모아다가 탈곡하면서
그 놈을 모래밭에 파묻을 적에
이 동네 저 동네 깡통 두드리며
밥 빌어먹던 동냥아치의 손
두 손 비비면서 한번만 한번마안!
살려달라고 울부짖을 적에
모닥불에 살찌던 그 정을 싹둑싹둑
모질게도 자르고 떠나 왔는 디.

에라이, 빌어먹을 판검사, 변호사들!
큰 고기는 요령껏 눈치껏 풀어주고
브로커를 고용하여 황금알을 내먹어?

각설이패 얼어죽은 시한 삼동
다리 밑자리 파헤쳐 보면
숟가락 젓가락 깡통을 두드리며
어허, 시구시구 들어가던 각설이
두 눈 퀭한 이들의 장타령이

가슴 시리게 들려온다, 이놈들아!

이 염병, 지랄병, 육실할 놈들아!
어허, 시구시구 들어간다아—
저허, 시구시구 들어간다아—
달을 따러 가자, 별을 따러 가자
받아먹는 법관들, 공생하는 변호사들
개도 안 물어갈 국회의원들,
개뼈다귀보다도 못한 선량들,
활개치는 브로커들, 부랄 따러 가자!

삼백칠십장의 만 장´æ

소꿉동무 순자의 아버지 장례식은
조선 팔도 상거지들이 저자섰다.
생전에 거지들과 친하게 지내던
순자 아버지의 재산은 거지들 차지.

'독립유공자별세' 獨立有功者別世라는 기사를
보는 족족 불에 태우시던 아버지는
'독립유공자'가 어떻게 지금까지
살아 남을 수 있느냐고
'가짜'를 비웃으시며
거지들의 친구로 살다가 떠나갔다.

사랑채로 끌어들인 상거지 중에는
광주학생사건에 연루되었다거나
신의주학생사건에 연루된 이도 있었다.

순자 아버지가 세상을 뜨자
어떻게 알고 몰려왔는지
몰락해 가는 집안을 쓸고, 닦고

차일도 쳐주고 화톳불도 지폈다.

순자 어머니가 거지 우두머리에게 "생전에 너희들을 사랑하신 어르신께서 가문의 종친들을 오지 못하게 하고 거지들로 장사 지내라" 하셨다고 말하자, 거지 거지 상거지들이 신사옷을 쏙쏙 빼어 입고 들어오는데, 기절초풍할 일이라. 거지들이 삼백칠십장의 만장輓章을 들고 주욱 늘어서서 가는디, 그 중 상거지 하나는 막내딸을 등에 업고 꽃상여 뒤를 따랐것다. 상여의 뒤를 따르는 거지에게 업혀 가는 순자의 뒤를 숫기가 뾰족뾰족 나올락말락한 주무래기들이 뒤따르는 가운데……

엄동설한嚴冬雪寒

시베리아에서 중무장한 바람이
아녀자들을 마구 겁탈하면서
청보리 밭을 휩쓸고 지날 때마다
겨레붙이의 씨앗들, 뿌리들은
뽑히지 않으려고 웅크리고 있었다.

조선닭 발목이라는지, 고사리처럼
도르르 말리려는 뿌리들이
건조한 흙 속에 터전을 잡으려고
바위 틈새 소나무처럼 기를 쓰고 솟았다.

풍악風岳을 견디어내는 소나무처럼
세상에 무슨 일이 있어도
뿌리는 살아 남아야 한다고
농부는 땅 밟기를 하고 있었다.

흙이 고향이라고
흙에서 와서 흙으로 간다고
밟히면 밟힐수록 자꾸 일어나

더욱더 기를 쓰고 만세를 부르다가
총알 맞아 죽은 원혼冤魂들이
갈대 머리 휘날리다가
푯말 하나씩 자리잡은 공동묘지에서
북서풍지대의 바람을 먹는다.

순간과 영원의 하얀 푯말들
많은 이야기를 생략한 하얀 푯말들
퀭한 눈들이 소리치고 있다.
소리 없는 아우성을 등기하고 있다.

동진강東津江 —

상투를 풀어헤친 할아버지처럼
각시머리 늘어뜨린 할머니처럼
아우성은 모두들 어디로 갔는지
회색 빛깔의 침묵 속에서
소리 없는 소리가 흘러내린다.

생명의 가장 밑바닥에서
까무러치고 다시 사는 숨결
아우성의 몸짓과 몸짓들은
내장산에서 흘러내린 정읍천이 되고
모악산에서 흘러내린 태인천이 되고
배들평야에서 합쳐지는 강물이 되었다.

농민들의 피땀어린 배들평야는
동진강을 잉태하여 스며들고
백산으로 죽산으로 흘러가면서
양반과 토호들의 횡포와 착취를
두 눈 부릅뜬 채 노려보고 있다.

국권은 풍전등화처럼 흔들리고
일제는 생쥐처럼 들날날락 빼어먹고
찢겨진 백의민족의 두루마기는
할머니, 어머니, 누이가
빳빳한 목숨으로 풀먹여 다렸다.

만경강萬頃江

한울님도 무심히 굽어보는 가운데
차마 강물로 뛰어들지 못하고
서럽게 울어대던 처녀를 배에 싣고
어디론지 사라졌다는 사연을 숨긴 채
강물은 시퍼렇게 멍이 들어 있었다.

똑똑한 아들은 감옥의 귀신이 되고
잘 생긴 딸들은 유곽으로 정신대로
풍비박산하는 일제의 식민지 시대에
구세제민의 큰 뜻을 품은 의인이 있어
단풍도 부적처럼 날리더란다.

강은, 시퍼렇게 멍든 강은
쑥대머리 산발하고 몸으로 우는 강은
수난의 강, 인욕忍辱의 강은
상관에서 흘러내린 전주천과
곰치재 밑에서 흐르는 소양천과
고산 대야 동산에서 흐르는 고산천이
합수하여 흐르는 만경강은,

익산군 만성면 김제군 만경면 사이를
유유히 흘러서 서해로 흐르지만,
정읍천의 유래를 눈감을 수는 없다.

태인천과 동학천이 만나는 자리에
만석포 쌓다가 난리가 일어나던
물길 천리 만리 물칼 물고 내달리던
강은 핏빛으로 물들면서 울고 울었다.

창원황씨와 전주이씨

태초에 관계가 있었느니라.
관계는 대지를 낳고
대지는 농부를 낳고
평야에 뿌리 뻗은 농부는
어린아이를 잉태하게 하였느니라.

고요함이 저자선 침묵 속에
기러기 한 쌍 날아들게 하더니
군자의 좋은 짝이 된다고 하는
요조숙녀가 원삼에 족두리 쓴 채
익산 황등에서 정읍 신태인까지
가마 타고 시집왔다는 할머니.

전라북도 정읍군 신태인읍 신용리로
시집오신 나의 할머니는
侍天主造化定永世不忘萬事知를
밤이나 낮이나 외우면서 살았고,
시천주조화정을 외우면서 죽었다.

동학혁명군이 된
의분강개형의 남편은
황토현을 넘나들었고
아기는 아기대로 새가 되어 날아가
칼맞은 도깨비들은 밤마다
산발한 머리카락 풀어헤친 채
칼춤을 추면서 온몸으로 울었다.

밤도깨비와 낮도깨비

황등댁이라 부르는
할머니, 조선 여인은
밤도깨비에게 남편을 빼앗기고
낮도깨비에게 자녀를 빼앗겼다.

갑오년 동학난 때
무명 두루마기 깃발처럼 펄럭이며
상투를 풀어헤친 채 돌아온 할아버지의
황토 묻은 짚신에서 들려오는 징소리
밤이면 밤마다 징징 징징 울었다.

싸락눈이 싸락사락 내리는 밤
하얀 조선무 동동 뜬 동치미를 마시며
개 짖는 소리를 듣던 한밤중
마슬 다니던 동네 사람들의 발소리
고샅에서 아스라히 들려오고
가마니 치는 사랑채에서는
졸리는 호롱불 빛 가물가물
지창紙窓을 꽃피우고 있었다.

도깨비는 밤이 숙명이었다.
꼬리가 아홉 발이나 되는
주막거리 불여우에게 홀렸다던가
산발한 도깨비를 만나 씨름하다가
허옇게 늙어버린 갈대밭이
쓰러질 때마다 보일 듯이 보이다 마는
사연이 끝도 없는 무덤들…

게오르규의 25시들이
팥죽 끓듯 파죽지세로 아우성친다.
그러나 낮도깨비는
어질병이 지랄병 된다는 깃발의 붉은 용이라
했다.

농부

배고픈 참새들이 가랑잎처럼 날린다.
얼비치게 얼비치게 사선斜線으로 날린다.

청천 하늘에 찬별도 많다더니
이 내 가슴에 수심도 많다더니
육자배기 가락을 잘도 뽑아 제키던
농부는 헛웃음 치며 북행열자에 올랐다.

별이 총총 난 여름밤
누구든지 돈 천 원만 준다면
두 눈을 뽑아 주겠다던 농부는
철마를 타고 북으로 북으로
북간도로 아라사로
정처 없이 길을 떠났다고
김제군 청하면에서 태어난
장영창 시인도 눈물을 뿌렸다.

눈물 뿌리며……
눈물 뿌리며……

옷소매 자락 끝으로 눈물 훔치며
한평생, 슬픈 이야기만 하다가 떠나갔다.

형설의 강

농약을 살포하면서 반딧불이 사라지고
형설의 강은 바닥을 드러낸 채
쩌억 쩍 갈라져 갔다.

두루마리 한지에
붓으로 글을 쓰던 시절이 있었다.
줄쳐진 잡기장에
연필로 글을 쓰던 시절이 있었다.
광택이 도는 공책에
만년필로 글을 쓰던 시절이 있었다.

서양식 노트에
똥그란 눈으로 노려보는
볼펜으로 글을 쓰던 시대가 가고

노트도 볼펜도 필요 없이
컴퓨터 워드프로세서를 투두둑거리며
복제인간을 궁리하는 시대에
형설은 아득한 옛날 동화 속의 이야기

눈알이 피잉 핑 돌아가는 세상이다.

하루살이 문화가 광고 속에 질식하고
진실은 상쇠잡이 어질병처럼
어질어질 아질아질 개풀어진다.

하루살이 감각문화는 하루살이로 살아가고
빙글빙글 잘도 돌아가는
프로헤파룸이 간장을 살리지 못한 채
홀려 사는 시민에게 뒤집어씌운다.

갈대 바람

만경강 갈대들이 몸부림을 치는 것은
활대를 쥐고 켜대는 달빛에
혼신으로 떠는 게 아니란다.

갈대들이 흰머리 휘날리며
몸서리치도록 떠는 까닭은
상투머리 풀어헤친 할아버지의
도깨비에 홀린 칼바람이란다.

시천주侍天主 조화정造化定
영세불망永世不忘 만사지萬事知를 외며,
황토 흙을 쳐발린 채 등신으로 서 있는
할아버지 바지 가랑이를 붙들고
울부짖는 할머니의 산발散髮이란다.

동학민병으로 나서서
관군에 대적하던 할아버지의
풀어헤쳐진 상투머리, 머리카락
불타는 관가를 흘겨보는 눈동자에

검은 연기 피워 올린 봉화 둑
불 바람 불 연기 하늘 뒤덮던
아우성과 피비린내에 체머리 흔드는
할머니의 꼬막 눈 속 애간장이란다.

할아버지의 눈에서는 관가가 불타고
아버지의 눈에서는 장터가 불타고
나의 눈에서는 도시가 불타는

수난삼대受難三代 불지르는 미친 바람들이
칼날에 뿜어대는 입술의 기운이란다.
지수화풍地水火風 물기운이란다 불기운이란다.

아침 이슬

벼포기 베어낸 논
보리 포기 베어낸 밭
허허로운 눈밭에 반짝이는
아침 이슬같이 맑은 정신……

천형 받은 문둥이의 손처럼 발처럼
뭉그러진 벼포기 보리포기
모두 다 휩쓸어 걷어가고
그루터기만 남은 호남평야—

백두산이 평지가 되도록
갈아 마시고, 갈아 마시고 살겠다고
이를 뿌드득 가는 잠꼬대에서도
그 칡뿌리처럼 질기고 질긴
기나긴 밤을 이겨내고.

토란잎마다 수은처럼 맺힌
이슬 속의 우주처럼
이슬 속의 우주처럼

농민들 아우성이 잠든 의총義塚
일만 의총의 아우성이 살아나다가
한이 맺혀 꽃핀 보석들……

야망의 연대는 가고, 정염의 연대는 가고
방공훈련 사이렌 소리, 등화관제 어둠은 가고
개들이 어둠을 물어뜯는 소리
봉화둑까지 우렁우렁 들려온다.

비빔밥

성서 교정 보던 이야기에는
not 낱말 하나 빠진 사건으로
'간음하지 말라' 가 아니라
'간음하라' 가 되어버린 일화를
아는 이는 알고 있지만,
전주 콩나물 비빔밥 유래 가운데
그럴듯한 궁중음식설宮中飮食說과
경건한 제사음복설祭祀飮福說과
푸짐한 농민음식설農民飮食說 말고는
알려지지 않은 설과 설, 황토 흙 속에 묻힌
걸인설乞人說과 동학민병설東學民兵說이 발굴되었
다.

그 시절에는
사람도 음식도 나눌 수가 없었느니,
관군과 대적하는 민병들이
그릇그릇 챙길 수가 없었느니라.

쥐눈이콩에서 자란 콩나물도

온갖 나물과 휩쓸려 비빔밥이 되어
위에 들지 않겠다고 반란하는 까닭은
예부터 썩어빠진 탐관오리들
금은 금괴金塊에, 지폐는 능금상자에
걸신들린 걸인삼신乞人三神들이
비빔밥을 비벼 먹을 때
그 속에서 콩나물들이 반역을 했다.

개의 뼈다귀 물고 도주하는
탐관오리 아귀들
녹두장군께서 일어나 참수하라고.

유년의 초상 1

두 살이던가, 세 살이던가
물안개 산안개 피어오르는 듯한
아슴한 기억 속에서 저만치 저만치
어머니 등에 업혀가던 과수원 길
탱자나무 울타리를 휘어 돌아서
얼마를 가고 또 얼마를 갔었는지…

퇴색된 흑백사진처럼
영사기에서 필름이 잘려지듯
잘려져 토막 난 기억 속에서
아슴하게 다가오는 정자亭子 저쪽
내려다보이는 목화밭 속의 어머니
추억의 필름이 가물가물 끊긴다.

정자의 난간을 붙들고
어머니를 부르며 울다가
풀밭으로 떨어져 나뒹굴 때
허겁지겁 달려오던 어머니가
어이구, 내 새끼 내 새끼야!

희부연 젖을 꺼내 물릴 때
땅이 꺼지는 소리를 들었다.

해가 가고, 달이 가고, 구름이 가고
세월이 또 가고 늙음이 오면
아기에게 젖을 물리다가
총알 맞고 흙에 묻힌 조선여인은
바람 되고 구름 되고 꽃비 되어
이승 저승 훠이훠이 넘나들다 오더니
동네 앞 논두렁 망부석이 되어
오는 사람 가는 사람 눈여겨보네.

유년의 초상 2

벼 향기 무르익은 들녘에는
허수아비도 보이지 않았다.
우여어 우여어 새를 쫓는 소리도
간 곳 없는 적막강산이었다.

벼들이 침묵하는 정적 끝에
하늘에서고 땅에서고
콩 볶는 총소리 들리면
탄피 주우러 몰려다녔다.

밤이면 밤마다 불빛이 무서워서
또르르 웅크리고 숨어사는
음지식물처럼 어머니는 그렇게
이불 속으로 도가니 속으로
꼭꼭 숨어라 머리카락 보일라 했다.

쌀 항아리에 숨던 날 밤에도
명자 아버지가 끌려갔다고 했다.
개가 끌리듯 그렇게 끌리며 몰리며

어디론가 끌려가서는 소식도 없다고
한숨 소리로 제사를 지낸다 했다.

앞집의 명자네도 뒷집의 영희네도
옆집에서 옆집 옆집, 뒷집 뒷집
온 동네 떼과부들이 9월이 오면
술을 빚고, 떡을 찌고, 적을 부치고
술 냄새 기름냄새로 동네가 들끓었다.

희부연 허벅지에 바늘 자국을 남긴
전쟁미망인들은 남편귀신들과
이승과 저승을 넘나들며 살았다.

유년의 초상 3

어머니가 담요로 창문을 가리우면
석유로 꽃피는 등잔불을 보면서
기름 조는 소리를 심장으로 들었다.

회가 동하여 구역질이 나면
석유 적셔진 호롱 심지를 빨아먹으면서
바윗새의 공비들 손들고 나오듯이
횟배앓이 벌레가 죽어 나오기를
얼마나 바라며 고대했는지 모른다.

내장內臟 속에 숨어 지내는 회벌레가
밥을 내어놓으라고 회침을 게우듯이
북에서 쳐들어와 밥을 해내라 하고
남에서 쳐들어와 밥을 해내라 하고
구구식 딱꿍총, 다연발 따발총
들이대면서 불러낼 때마다
어머니는 조선 막사발을 함지박에 이고
개 끌리듯 그렇게 끌려나갔다.

샘도랑집 윤구 어머니는
북한군에게 밥해줬다고 총 맞아 죽고
개나리 울타리 집 봉수 어머니는
국군에게 밥해줬다고 총 맞아 죽고
만만한 게 홍어 무엇이라고
농부들과 부녀자들은 이삭처럼 묻혀갔다.

쟁기 날에 이삭이 묻히듯이
이름 없는 생목숨들이 연달아 죽어갔다.
어머니가 챙겨오시는 조선 막사발이
깨어지고 금이 가고 이가 빠질 때마다
그렇게 연달아 죽어나갔다.

유년의 초상 4

아슴아슴한 기억 속의 꿈자리에는
곤충들 줄지어 가듯 기어가는 피난민들
절뚝이며 한쪽 다리 질질 끌면서
감자막 닮는 방한모 눌러 쓴 채
어디론지 떠내려가는 일엽편주
그들의 행방을 알지 못한다.

기억 속의 동산을 넘으면
시냇물이 졸졸졸 흐르고
산밑으로 논밭과 과수원에는
홍역 앓다 죽었다는 누이 같은
능금이 나뒹굴고 있었다.

두 아들은 왜놈들에 날리고
두 딸은 이념 싸움에 날리고
한숨만 쉬다가 날이 저물어
시계 초침도 뛸 줄 모르는
적막강산도 필름처럼 잘려나갔다.

땅이 꺼질 듯한 한숨소리가 싫어
과수원 길로, 원동산으로, 벼논으로
탄피 주우러 들개처럼 쏘다니다가
해거름에 돌아오다 귀를 세우면
동구 밖까지 나와서 부르시는
어머니 목소리는 떨고 있었다.

간지럼을 태우다가 간 빼 먹는다는
문둥이가 무서워서 떠는 게 아니라
도깨비불이 무서워서 떨고 있었다.

쥐불 놓기

쥐불을 놓는다.
쥐불을 놓는다.

징게 맹경 왜밋倭米들
일본이 빨아먹는 질펀한 논과 밭
짚다발 풀어 던지고 지푸라기 휘날리며
논두렁마다 밭고랑마다
온 세상 다 태울 듯이 쥐불을 놓는다.

동네 아이들은 아이들끼리
맨발에 검정 고무신, 검정 고무신,
그 고무신 벗겨지면 다시 꿰매 신으면서
소나무 껍질같이 갈라진 손 호호 불며
동학민병들 이리저리 미쳐 날뛰듯
마른 풀, 지푸라기 흩뿌려 날리며
희망의 새봄 오라고 쥐불을 놓는다.

햇덩이가 일락처日落處로 뉘엿뉘엿 기어들면
동네방네 뛰쳐나온 아이들은

달빛을 밟으며 쥐불을 놓았다.

깡통 속에서 살아난 불길이
온 세상을 태울 것만 같더니
반달 배미 논배미를 태우지도 못하고
들쥐 같은 놈, 잡균 같은 놈,
여우같은 놈 한 놈도 못 잡고
알불 깡통만 빙글빙글 돌렸다.

불법이 많아지면 합법이 되는
허가 낸 도둑들에 실망한 농부의 아들딸들이
아귀들, 축생들, 정치꾼, 장사꾼,
온갖 잡귀들 솔가지로 쓸어내면서
환장하게 환장하게 쥐불을 놓았다.

자운영紫雲英

오수초등학교에서
돌아오는 봄길에는 해찰을 했다.

은어 떼가 물 밖으로 파닥이듯이
푸른 등허리와 하얀 배때기를 파닥이며
은사시나무가 손짓하는 그 아래
신작로 양 켠 꽃자줏빛 융단에서
해지는 줄도 모르고 해찰을 했다.

무릎까지 자라 올라온 자운영 밭에서
화자는 나에게 꽃시계를 채워주고
나는 그녀에게 꽃목걸이를 걸어주고
잉잉대는 벌떼들 축복하는 가운데
우리는 부끄러운 새끼손가락을 걸었다.

어른들은 배가 타라지게 고프다고
자운영을 베어다가 삶아 먹는 가운데
우리들은 보자기로 구름을 잡느라고
아버지가 되었다가 어머니가 되었다가

임금님이 되었다가 왕비님이 되었다가
왕자님이 되었다가 공주님이 되었다가
잠에서 깨어나면 영락없이
부황든 하늘에 소꿉만 보였다.

소꿉놀이할 때 쓰던 온갖 사물들
널빤지 조각에 사기그릇 깨어진 것,
흙에 버무려 담아놓은 꽃잎 풀잎들,
화자랑 다 어디 가고 뜬구름만 남았노
그 자운영 꽃 다 어디 가고 빈들만 남았노.

물레야 물레야

물레야 물레야 비잉 빙빙 돌아라
시름을 물어 감고 빙빙빙 돌아라
낮은 음자리 땅속으로 낮게 울면서
죽어지내다 게워내는 울음으로 울어라

달달달달 다르륵—
달달달달 다르륵—

아들은 남양군도로 끌려가고
딸은 정신대로 끌려가고
끊긴 소식 기다리며 기다리며
워쩠던지 몸성히 돌아오라고

달달달달 다르륵—
달달달달 다르륵—

능장코 빠뜨리며 울음 울던 할머니가
시름을 돌려 감으며 물레를 잣는다.

물레야 물레야 시름 감고 돌아라
시름시름 앓던 물레야 한도 게워내거라.

달달달달 다르륵, 달달달달 다르륵,
돌아온 뼛가루 강물에 허쳐 뿌리고
돌아오다 까무러친 언덕바지에서
떼풀을 쥐어뜯으며 울음 울던 할매야
그 울음 달달달달 다르륵 감겨 울어라.

노변정담爐邊情談

함박눈이 펴엉 펑 내리는 날이면
할머니는 고승高僧은 되지 못해도
중승中僧은 되고도 남을만했다.

하늘에서 버선발로 눈오시는 날이면
하승下僧은 화로火爐를 끌어안고
무얼 구워 먹을까 볶아 먹을까
고구마나 콩을 궁리한다는데,
할머니는 언제나 전설이 열리는
이야기의 숲 속에서 품을 팔았다.

둔갑한 백여우와 장가가는 바보 천치와 호랑이와 소금장수와 예쁜 색시와 땡초중과 산적과 도사는 있어도 할아버지와 아버지와 고모 삼촌 이야기는 안개 저쪽으로 행방이 아스라하니 묘연한 가운데, 한숨쉬던 할머니는 치맛자락으로 눈물을 찍어내다가도 생각난 듯이 죽창문 밖으로 귀를 기울이시다가 꼬막 눈만큼 열고 사선斜線으로 넌지시 내어다보시다가는 땅이 꺼져라 한숨을 내리쉬고는 이내 달달달달 다르륵, 달달달달 다르륵, 울음조차 제대로 울지도 못하는 목질木質의 떨림에 뒤안의 대바람도 울고, 소창素窓의 문풍지도 따라 울었다.

조선의 소창 문풍지 우는 소리
등잔불 너울거리는 겨울밤
식어 가는 질화로의 잿불을 다독이며
아득한 전설의 숲 속을 들락거렸다.

할머니 화로의 아스라한 온기처럼
일정한 온도로 울며 울며 흘러가는
동진강변에서 모닥불이 타오르고 있다.
포르스름한 실연기 몽개몽개 산발한 채
콩밭으로 팥밭으로 울며 울며
부음訃音 듣고 발 구르는 환향녀還鄕女처럼
동진강 물 이랑을 흘러가고 있었다.

장승

나의 할아버지는 천하대장군
나의 할머니는 지하여장군이었으나
할아버지는 마을을 지키지 못한 채
기어이 쓰러지고 말았다

할아버지가 잘려나가고
마을 사람들도 우리동네 장승처럼
그렇게 하나 둘 허망하게 잘려나가고
할머니는 지하여장군 목숨 그대로
조선의 지킴이, 수호신이 되었다.

하구河口에 버티고 선 천하대장군
수호신이 톱날에 잘려 나가고,
법이 없이도 사는 사람들이
등신처럼 개같이 소같이 끌려나갔다.

붉은 군대에게 밥해주었다고 끌려가고
푸른 군대에게 밥해 주었다고 끌려가고
개처럼 끌리며 몰리며 실탄 짐 진 채 끌려가

다가
드르륵 드르륵 총살당하던 그 자리에
민들레 질경이 참쑥들이 모질게도 피어서
끈질긴 목숨을 증언하고 있었다.

여호와의 신 외에 잡신을 섬기지 말라는
유태민족 야수귀신 들린 아편쟁이에게
우리네 장승이 잘려 나가듯이
우리 동네 지킴이도 잘려나갔다.

유구한 역사의 할아버지 생일날
단기檀紀도 음력陰曆도 잘려나가고
모자란 히라가나와 혀꼬부라진 알파벳에
지킴이 불타죽고 재만 남은 그 자리에
민들레가 훈장처럼 증언하고 있다.

깊이갈이

I

영기令旗 휘날리는 가운데
농부는 자운영 밭에서 쟁기질을 한다.

쟁기 손잡이를 곧추세우고
생 땅 치솟아 올라오도록
뒤집어 갈아엎는 깊이갈이를 한다.

논과 밭의 깊이갈이에서
사상과 꿈의 깊이갈이까지
들불을 지르고 종자를 고르고
쟁기질, 써레질을 하고
파종을 하고 제초를 하고
비료는 녹비용으로 자운영을 심어서
못자리에 밟혀 썩어지는
차진 거름같이 진한 사랑으로
논두렁 넘실넘실 논물도 댄다.

농약 마신 논들이 연달아 죽어갔다.
개구리 참우렁이 메뚜기가 죽어가고

잠자리 호랑나비 사마귀가 죽어가고
반딧불과 거미와 실지렁이가 죽어갔다.

황소개구리에게 쫓기는
조선개구리들의 합창은 장송곡
행진과 장송의 어중간한 벼랑에서
선禪하던 개구리들이 항변하다 죽어갔다.

우리의 정신이 어디에 있느냐고
우리의 문화가 어디에 있느냐고
양풍洋風에 실려온 황소개구리 가리키며
면벽 좌선坐禪한 채 항변하다 죽어갔다.

편리한 무기농으로
황폐해지고 쩍쩍 갈라지는 논밭들
세기말의 전율을 진정시키고
원초의 정신을 살려내기 위하여
논배미마다 물을 대어야 한다고
쫓기는 개구리가 항변하는 소리

개골개골개골 갸르르 갸르르 걀걀걀 소리
쩍쩍 갈라진 논바닥에서 들려오고 있었다.

2

호남의 쌀 왜미倭米되어 실려가던
그 지긋지긋한 일제의 침탈보다도
굶는 날이 먹는 날 보다도 많았던
6·25 이후의 보릿고개보다도
더 무섭고 지긋지긋한 정신춘궁기에
농약방제 피해 나온 나비애벌레가
풀잎을 도르르 말며 풀집을 짓는다.

하나의 풀잎 속은 애벌레의 우주
때가 되면 나비 되어 청산 가는데
남북이 가로막혀 가고 오지 못하는
쓸개도 염치도 없는 족속들
우리들은 어디로 가고 있는가

어디로 가는 배를 타고 있는가

밑창에서부터 물이 새어드는데
가명을 걸어놓고 골프 치러 다니는
한심한 한량閑良이 선량選良들인가
쩍쩍 갈라지는 논바닥에서
피어날 줄을 모르는 겨레붙이의
목숨 질긴 우리네 손금을 본다.

3

실지렁이들이 환상의 춤으로 너울거린다.
S자를 그리고,
군중무 하늘하늘 논물 속 자맥질하며
마이클 잭슨 친구들보다도 더 기막힌
물 속 뚫는 구름 속 조명을 받으며
미치고 환장하게 흔들어대고 있다.

먹이사슬들 얽히고 설킨 가운데서도
텔레비전은 변함 없이 번쩍이고
나상으로 S자 춤을 추는 실지렁이에
눈알을 주판알처럼 굴리다가

전자계산기 두드리던 왕잠자리가
식욕을 채우고 짝짓기를 한다.

장구벌레는 장구잠자리 되어 날고
피를 빨던 거머리는 거머리대로
푸랑크프르톤에서 나방애벌레까지
잠자리애벌레 나비애벌레 모기애벌레
모든 애벌레들이 부활하다가
먹이사슬로 얽히고 설키어 돌아간다.

부활하는 곤충을 사로잡기 위해
하늘에 그물망을 치는 거미들이
비상하던 실체들을 야금거린다.
모기 나비를 거미가 야금거리고
거미를 사마귀가 야금거리고
사마귀가 거미줄에 걸려들면
거미가 사마귀를 야금거리듯이
미희美姬를 깡패가 야금거리고
깡패를 검사가 야금거리고

검사를 신문이 야금거리듯
황소개구리가 조선와朝鮮蛙를 야금거리는 동안
실지렁이들은 상류로 피정을 떠났다.

4
이주해 온 실지렁이들이 나상을 흔드는
황노인 집 샘도랑은 꿈의 아방궁
여름이면 밤마다 지렁이 같은 여인들이
실지렁이 흉내를 내면서 스며든다.

새털구름이 깔려 흐르는 어스름한 달밤에
실지렁이 여인들이 나상을 드러내는
꿈속의 패러다이스는 은밀한 무지개
선녀와 나무꾼의 감로주 한 사발이다.

영양분이 풍부한 여름밤은
과수원에서 불어오는 수밀도 과즙 바람
달님도 부끄러워 구름 속으로 구름 속으로
샘물은 모래알을 들먹이며 발싸심하고

잎들도 키들거리는 개나리 생울타리도
저만치 내외하는 샘도랑은
별들이 소곤대는 페르시아 시장
웅성거리는 나상들이 S자를 그린다.

개똥불을 잡아다가
모기장 속에 풀어놓으면
우주 천주 반 공중에 별들이 소곤대고
모깃불 쑥연기 마당 가로 흐르는
실비단 같은 동화 얘기는 진실이었다.

등잔불 기름 조는 소리 들으며
긴 편지를 쓰던 밤은 어디로 갔느냐
호롱불은 형광등으로 바뀌어
만년필은 볼펜으로 바뀌어
창백한 형광등 불빛 아래서
눈 똥그랗게 부릅뜬 불펜과 동거하며
영악스런 볼펜을 버리고 버리다가
깨달음을 얻게 한 다듬이질 소리.

월사금을 내지 않았다고
사친회비 후원회비를 내지 않았다고
수업 시간에 쫓겨오던 날 밤
딱뚝 똑딱 다듬이질을 하시며
자기 가슴 두드리시는 어머니의 그
다듬이질 소리에 정신을 차리고 보니
깊이 갈지 못한 마음 밭의 쟁기질이었다.

논을 깊이깊이 갈아야 소출이 많다고
책을 깊이깊이 읽어야 잘 산다고
이 휘황 찬란한 문명의 밤에
문화인도 되지 못한 애벌레가
의식의 안테나를 옥상 높이 드리운다.

오늘의 인류는 아비 없는 호로자식
등뼈 없는 실지렁이들에 풀잎처럼 흔들린다.
정신의 용마루도 대들보도 없이
생각이 썩은 뿌리들은 쭉정이로 처지고
신념을 심지 못하는 불모의 대지에

실지렁이들 흐늘흐늘 춤들만 난무하다.

식물성 정신은 죽어나가고
광물성 동물성이 기세 등등 뻔뻔스러이
더럽혀진 오탁汚濁의 갈대밭에
경험의 보석들은 갈대머리로 날리고
질화로의 불씨는 식어가고 있었다.

도시는 프리섹스로 지옥 불이 붙고
씨가 없는 수박에 득실거리는 잡균들
무덤을 찾아 파헤치거나 말거나
별들이 쏟아지던 여름 별밤
다듬이질을 하시던 어머니는
창백한 형광등 문명에 감전사했다.

보리밭 밟기

시베리아에서 무장한 바람이
아녀자들을 마구 겁탈하면서
청보리밭을 휩쓸고 지나갈 때마다
백의민족의 씨알들, 뿌리들은
뽑히지 않으려고 흙 속으로 파고들었다.

조선닭 발목이라든지, 고사리처럼
도르르 말리려는 뿌리들이
건조한 흙 속에 터전을 잡으려고
바위 틈새 소나무처럼 기를 쓰고 뻗었다.

세상에 무슨 일이 있어도
풍악風岳을 견디는 소나무처럼
뿌리는 그렇게 살아 남아야 한다고
농부는 보리를 밟아주고 있었다.

농부는 흙이 고향이라고
흙에서 와서 흙으로 간다고
밟히면 밟힐수록 더욱 일어난다고

더욱 더 일어나 만세를 불렀다.
만세 부르다 총에 맞아 죽은 원혼들이
갈대 머리로 휘날리다가
푯말 하나씩 자리잡은 공동묘지에서
북서풍지대의 바람을 먹고 있었다.

바람을 가르는 하얀 푯말들
많은 말을 생략한 하얀 푯말들
푯말들이 퀭한 눈으로 소리치고 있었다.

검은 평화의 바람,
만경강 갈대들이 몸서리를 치는 것은
활을 쥐고 켜는 달빛에
혼신으로 떠는 게 아니다.
흰머리 휘날리며
몸서리치게 떠는 까닭은
상투머리 풀어헤친 할아버지의
도깨비에 홀린 칼바람 때문이란다.
시천주조화정侍天主造化定

영세불망만사지永世不忘萬事知를 외며
황토 흙 쳐발린 채 등신等神으로 서 있는
할아버지 바지 가랑이 붙들고
울부짖는 할머니의 산발散髮이란다.

동학민병으로 나서서
관군에 대적하던 할아버지의
풀어헤쳐진 상투 머리카락
불타는 관가를 촬영한 눈동자에
검은 연기 피워 올린 봉화 둑
불바람 불연기 하늘 뒤덮던
아우성과 피비린내에 체머리 흔드는
할머니의 꼬막 눈 애간장이란다.

할아버지의 눈에서는 관가가 불타고
아버지의 눈에서는 저자거리가 불타고
나의 눈에서는 회칠한 도시가 불타는
수난삼대受難三代 불지르는 미친 바람들이
갈대밭을 징 치며 지그재그로 도주한다.

생일 없는 백성

비나이다 비나이다 하느님께 비나이다.
남의 나라 눈치만 보고 사는 동안에
남의 나라 생일을 빌려 쓰는 동안에
자기 나라 생일도 저당 잡혀 먹고
자기 나라 조상도 고려장을 시키고
지렁이처럼 땅속에 묻혀 살던 백성이
천주 만유를 창조하신 하느님께 비나이다.

하늘을 떠도는 구름도 찢겼다가 이어지고
이 땅에서 숨쉬는 짐승들도 짝을 찾아 노니는데
갈라졌던 이 강산은 어찌 이어질 줄을 모르는가
곤충들도 빛을 찾아 모여드는 데
같은 피를 이어받은 우리의 겨레붙이들은
어찌하여 마음대로 가고 오지도 못하는가.

네가 어디에 있느냐, 네가 어디에 있느냐
야소귀신과 함께 있느냐 야수에 미쳤느냐

유태에서 스며든 야소귀신이 들려
단군 할아버지 목을 자르고
훈민정음訓民正音을 총살하고
문화재를 빼돌리고
사찰을 불지르는가 하면
장승의 목을 자르고 불태우는 등
제 나라 막사발 하나라도
없애지 못해서 안달을 떠는
생일 없는 백성들아 꼴불견들아!

밝은 귀를 가진 자는 들어라 한다
맑은 눈을 가진 자는 보아라 한다
곤충들도 빛을 찾아 날아드는 데
어찌하여 집안 싸움에 날새는 줄 모르느냐고.

환향녀還鄕女

고향으로 흐르는 개울가에서
고향으로 갈 수 없는 여인들이 머리를 감는다.
머리 감는 버드나무들이
눈물 뿌리며 산발한 머리카락을 바람이 희롱하고 있다.

바람은
북서풍 히작질하며 넘보는 무리에
공녀로 내어준 병신 머저리들
그 병신 머저리 같은 남성들 때문에
10대 소녀들, 나물바구니 수북수북
쑥을 뜯다가 붙들려서
북서풍지대로 남양군도로 줄줄이 줄줄이
성의 노리개로 수치의 생지옥을 헤매다가
더러는 혀를 물고 죽기도 하고
더러는 체념하여 이국 귀신이 되기도 하고
더러는 말라붙은 핏자국 울고 빨면서
살아 돌아온 여인도 더러는 있었으나

화냥년이라고 화냥년이라고
침뱉고 돌아앉은 고향 찾아갈 수 없어
먼 발치에서 바라보고 울다가 돌아서서
유곽으로 떠돌다가 원귀되어
시냇가 버드나무 머리 감으며 울면서
거들먹거리는 대감 행차에 눈흘기고 있다.

조선 사내는 등신이요 머저리라고
산설고 물설은 이역 만리 오랑캐들에게
진상되어 나눠 먹히다가 뜯어 먹히다가
이삭처럼 이름 없이 묻혀가던 여인들이
원귀 되어 구천을 떠돌다가 떠돌다가
썩어 문드러진 몸뚱아리 차마 부끄러워
고향에 찾아들지도 못한 채
변두리 먼 발치 고향 쪽 뜬구름에 절하고
뜬구름 아래 조상의 무덤 쪽에 절하고
산발한 버드나무로 어중간히 구부려 서서
시냇가 맑은 물에 한을 풀어 헹군다.

원나라 왕실에 바쳐졌던 공녀들
원나라 귀족, 고관들에 바쳐졌던 공녀들
원나라 군인들에 바쳐졌던 공녀들
몽고와 명나라에 끌려갔던 공녀들이
원귀로 떠돌다가 입버릇처럼 화냥년 화냥년 하던
이 나라 등신같은 사내들 골머리 쥐고 흔든다.

당리당략에 눈이 멀어 나라 좀먹는 선량들
돈 받아먹고 눈감아준 판검사, 변호사들
불법도 합법이 되게 허가 내주고 뒷돈 챙긴
이 나라 대감님들의 허리춤 붙들고 흔들면서
이 주색에 미치고 돈에 권세에 미친놈들아
나라를 망해먹는 사내놈들 저주하는 원귀들
해원성사하려고 고삿상 돼지 입에 지폐 물린다.

비나이다 비나이다 하느님께 비나이다.

비나이다 비나이다 원귀로 떠도는 환향녀
화냥년이라는 말까지 소지로 태워 올리고
살아서 찾아가지 못한 고향을 죽어서라도
찾아가도록 환고향의 꿈 이루게 하소서.

뒤에는 뒷산이 솟고 앞에는 앞 냇물이 흐르고
시냇가에 서 있는 미루나무에 걸려 있는
흰 구름도 보면서 선산의 조상 묘 찾아가
눈물 뿌리며 큰절도 드릴 수 있도록
해원성사를 비나이다. 해원성사를 비나이다.

조선 막사발이 하늘에 입벌리고 있다.
볏다발이 묶음묶음 서있는
징게 맹경 외애밋들 한 켠
벼향기 무르녹아 금빛 도는 바위 위에
조선 막사발이 나앉아 하늘에 입벌리고 있다.

산은 첩첩 가닥치마 휘어 감듯 돌아 감긴 산
세 아래

향기로운 벌판에 보배로운 추수 때가 되어
막걸리를 막사발이 철철 넘치도록 따르어놓고
천지신명 신농씨에게 바쳐 올려 축수하는데

송이버섯이 송이송이 피어 있는 참나무 위에
조선 막사발이 이끼를 밟고서 나앉아 있다
흙과 불길 속에서 신명을 바친 도공의 구슬땀이
주절주절 열린 듯이 투박하게 열린 문양
흙과 물과 유약과 바람과 날씨와 땔감과 온도가
실낱같은 차이를 만드는 신비의 혼불을 만난다.

하늘 아래에는 새털구름이 깔려 흐르고
구름 밑에는 만경 강물 굽이쳐 흐르고
구비치는 산상봉에 4백년 전 16세기
조선도공이 빚었던 도자기 그릇이 좌정하여
유구한 시공을 뛰어 넘어 선보이고 있다.

일본의 친주의 숲, 다마야마궁에서
건국시조 단군성조를 모시고 제사지내던
심수관이 선조의 땅엘 찾아와서
하늘에는 환인천하 땅위에는 백의민족
흰색으로 빚어만든 막사발을 올려놓고
홍익인간 크신뜻을 펼치시길 빌고 있다
남북한이 통일되게 해달라고 빌고 있다.

백년 전을 돌아보며 빌고 있다.
1905년 루즈벨트 대통령 당시
일본 동경에서 미 육군대장 태프트와
일본 수상 가쓰라 사이의 밀약이 꼬리를 사린다.
미국의 필리핀 진출과 일본의 한반도진출을
서로 눈감아주자고 흥정하는 소리가
원귀들 떼울음으로 벌떼처럼 날아온다.

목화밭

산그늘이 내릴 때까지
백의민족의 목화를 따고 있었다.
할머니랑 어머니랑 누이랑
들녘의 목화밭에서 미영을 따고 있었다.

단군 할아버지 적부터
비와 구름과 바람을 내려주시는 대로
하얗게 피어난 목화를 오순도순 이야기꽃을 피우며
점드락 점드락 따 담고 있었다.

문익점이 붓대에 넣어 온 목화씨가
꽃이 되고 열매 되고 무명옷이 되어
백의민족이 되고 예의지국이 되었으나
목화밭에도 칼바람이 불기 시작하면서
동족끼리 피흘리는 전장터가 되었다.

카인이 아벨을 살해한 것처럼
이방원이 정몽주를 죽이고

세조가 사육신을 죽이고
들어온 돌이 박힌 돌 빼내던 목화밭에서
농부의 쟁기 날에 걸려나온 수류탄 파편과
녹슨 따발총과 죽창과 조선 낫,
피묻은 역사를 빨아 입고 일어나
새로운 언어로 깊이갈이 하여
새나라 새 역사의 목화씨를 뿌려라.

산그늘 내리는 해질 녘까지
할매 어매는 미영(목화)을 따고 있었다.
어머니가 씨아질로 목화씨를 가려내면
할머니는 물레질로 실을 뽑아 내었다.
가락에 시름을 감고 감으면서
창호지 달빛까지 얼싸 감고 돌았다.

고름 짜기

초등학교 시절에
나의 손은 약손이다 약손이다 하고
살살 달래어서 붙들어 짜고자 했으나
도주하는 바람에 짜버리지 못하고
밤잠을 자지 못하던 사소한 일이
눈덩이 뭉쳐지듯 뭉쳐져서 암이 되었다

망해버린 양반 가에서 나는 항상 배고팠지만
중인의 자식들은 잘 먹고 잘 살았다.
친일파 매국노 앞잡이에 빌붙어 사는 동안
언제나 생쌀을 야금거리며 다녔다.

그 친구 할아버지는, 아버지는
어찌된 영문인지 도깨비 방망이로
순사가 되고 경찰서장이 되고
교장선생이 되고 국회의원이 되더니
친구는 미국 유학을 가고
꽃 같은 색시를 꿰어차고 오더니
장관이 되어 야금야금 떡고물을 먹었다.

초등학교 시절에는
돼지 내복 삶은 것 소금 찍어 먹으면서
침을 삼키는 나에게 일본 칼을 보이더니
이제는 미국 물이 들어 달러가 지천이다.

독립 유공자라고 훈장 받으러 가셨다가
훈장 주는 자가 잡아 족치던 일본 순사임을 알고
침 뱉고 나오시던 할아버지처럼
나도 그렇게 침 뱉고 고름을 짜내야 하는 건데
그게 돌 곪아서 세상일이 말이 아니다.

도처에 썩은 고름을
어디서부터 짜야 하는 건지
도무지 대책이 서지 않는다.

독립군 할아버지는 무장을 해제 당하고
친일파 매국노 등쌀에 숨죽여 지내면서

빈 하늘만 보다가, 한숨만 쉬다가
술타령만 하다가 불귀의 객이 된 이 땅에서
나는 어떻게 살아가야 하는 건가.

어릴 때 짜지 못한 그 친구 종기가
이제는 근이 박히고 돌 곪아서
도무지 도무지 대책이 서지 않는다.

임시정부의 법통은 이어지는가
항일투쟁에 몸바친 자손들은 제대로 사는가
어제는 부부합심해서 친일 매국하더니
오늘은 부부합심해서 나라를 좀먹는가.

민충정공의 순절로 소복한 여인들이 줄을 잇
고
통곡하는 소리가 끊이지 않을 때
부부 합심하여 나라 팔아먹던 매국노처럼
1백만 원짜리 맞춤 속옷에다가
3백 25만 원짜리 페라가모 정장을 하고

74만원짜리 구치핸드백에다가
80만원짜리 에르메수 구두를 신고
2천만원짜리 카르티에 시계로 치장하는
저 하느님 팔아먹는 여우 새끼들
회칠한 무덤들 송장 파헤치는 여우들.
백년 묵은 여우. 천년 묵은 여우.
썩어 냄새나는 서역귀신 권사 집사들,
그 고름을 어떻게 다 짜낼 수 있을까.

곤충들처럼
창백한 형광등 불빛으로 날아드는 곤충들처럼
무덤의 송장 파먹는 불여우들을
하얀 푯말들
한강 가에 잠드신 국립묘지의 하얀 푯말들이
포신처럼 뚫린 눈으로 부릅뜨며 노려보고 있다.

보릿고개

우리 반 춘자 얼굴은
능금보다도
장작난로보다 더 빨갛게 달았다.

연달아 들이닥친 가뭄에다 흉년에다
보릿고개에 난리까지 일어나
목숨이라도 질기게 이어보셌냐고
궁벽한 산골짜기로 산골짜기로
피난 보따리 싸 짊어지고 가다가
농부는 이삭처럼 연달아 죽어갔다.

농부는 죽어가면서도
씨나락 자루, 씨앗 자루를
보듬은 채 고스란히 굶어 죽어갔다.

땅 한 뼘만 있어도 씨앗을 뿌리겠다던
그 농부는 어디로 다 가고
고스란히 굶어 죽어간 이 땅에서
씨나락 까먹는 소리 요란하게 들린다.

씨나락 까먹다가 성수대교 무너지는 소리
씨나락 까먹다가 삼풍백화점 무너지는 소리
돈이 되고 표가 되면 벌떼같이 몰려들어
여전히 씨나락을 까먹기에 정신 없는 소리.

씨나락 까먹다가 물먹은 전투기 추락하고
씨나락 까먹다가 양잿물 관장에 죽어나가
부끄러운 얼굴은 장작난로가 된다.

술찌끼 먹고 퇴학당한 춘자 얼굴 아니라
후안무치한 돈과 권력의 노예
무덤 속 송장 파먹는 여우들의 낯바닥이 된다.

청보리밭 약탕설

1

하늘도 얼음 얼고
땅도 얼음이 얼고
얼음장 밑으로 얼음이 녹아 흐르고
눈보라 몰아치는 엄동설한에도
청보리 파릇파릇 자라고 있었다.

희망은 언제나 절망을 먹고살았다.
절망의 밑거름을 먹고 꿋꿋하게 자랐다.
삼동을 견디어낸 푸른 정신
아무리 매운 바람이 불어와도
뽑히지도 않았고, 부러지지도 않았다.

청보리 가득한 겨울 들녘에
목화송이 같은 숫눈이 내리면
어디선가 유장하게 들려오는
막걸리 마시고 부르는 육자배기 가락,
넉넉하고 아늑하고 눈물겹게 충만했다.

어린것에게 젖을 빨리듯
빨리고 빨리고 모든 것 다 빨리고
빈 참우렁이 껍질로 떠내려가는
쭈구렁 바가지, 말라버린 어머니의 빈 젖처럼
빼앗겼던 들녘이 오히려 넉넉하다.

세상사 막막하고 허덕거려질 때
호남평야 청보리 밭에 나아가서면
이름 없는 민초들이 꿈틀거린다.

두 팔 걷어 부친 민초들이 달려온다.
보리처럼 베어지고 쓰러져간
착한 백성들이 우우우우 달려온다.

의병들이 목을 바치듯
바치기 위해 뿌리 뻗으며 살아가는
청보리 정신…
육신은 거름이 되어도
정신은 탑으로 일어선다.

2

하늘을 빼어 박아 닮겠다고
눈 속에서 청청하게 솟아오르는
풀푸른 아기보리들이
신춘 선언서를 준비한다.

봄이 와야 한다고
빼앗긴 들에도 충만한 생명의 합창이
한약 끓듯 끓어야 한다고
양광을 살려내려고 부채질을 한다.
대지의 약탕관을 부채질한다.

한약을 달일 때, 약탕관 속에서 인삼 녹용 산약 당귀 황정 백구 해삼 건율 감초 계피가 들어가고 구기자 하수오 백자인 건지황 맥문동 오미자 해송자 장생초가 들어간다.

약탕관 속에서
산의 사상이 숨쉬고
숲의 정신이 일어난다.

관이 향기로운 사슴뿔의 사상으로
약쑥의 정신을 부채질한다.

질기디 질긴
배달 겨레의 회생을 부채질한다.
한약재가 물방울이 되어
약탕관 창호지 위로 증발할 때
청보리의 숨소리, 겨레의 숨소리를 듣는다.

3

나라의 건강을 위하여 한약을 달인다.
화덕에 부채질을 하며 약을 달일 때
참나무 숯불이 이글이글 피어오른다.
태양을 삼키고 자란 참나무가
숯이 되어 활활활 한약을 끓일 때
일정한 온도로 진득하게 끓일 때
한 웅큼의 죽피가
시냇물의 정신으로 지랄병을 때려잡는다.

보심약류補心藥類가 달여지고
보폐약류補肺藥類가 달여지고
보간약류補肝藥類가 달여지고
보신약류補腎藥類가 달여지고
잡담을 맑혀 내는 청보리의 정신,
눈 속에서 뿌리 뻗는 백의민족의 정신
달빛 쳐들린 사슴뿔의 정신으로

콩팥의 흑색신호와
폐장의 백색신호와
심장의 적색신호와
간장의 청색신호와
위장의 황색신호와
온갖 위험신호를 다스리려고
허열을 식히며 한약을 끓인다.
펄펄 끓어제키는 용광로의 정신으로
청보리들 눈속에서
한겨울 혹근혹근 한약을 끓인다.

정화수,
참성단 돌단은 아니지만, 한박산 배달나무도
아니지만
잠샛별 반짝이는 첫새벽에 길어온 물을
느티나무 아래 돌단에 올려놓고
동서남북 사방팔방 굽실거리며
그저그저 어쨌던지 그저그저
창원황씨 군수공파 20대손 그저그저
영험하게 살아서 돌아오게 해달라고
빌고 비는 눈물겨운 돌단의 정화수는
하늘로만 입을 벌리고 있었느니라.

하늘을 얼싸안은 두 팔을 모으고
하늘로 모은 두 손을 하나로
합장하는 대동의 꿈을 꾸는 가운데
안개가 피어오르고
머리카락은 풀어져 나부끼는 가운데,
저승사자가 아른아른 다가오고 있었다.
저승사자처럼 그림자로 다가오는 가운데

정화수 떠다 놓고 두 손 모아 비는 가운데
다가오는 소리는 소리를 낳고
점점 가까이 들려오는 소리는
할아버지가 아버지가 꽹과리 치며 지신 밟던
신명 이쪽에서 할머니 어머니는
눈물 뿌리며, 빌고 또 빌었다.

무너진 성터, 무너진 봉화둑, 무너진 돌담
내려보는 하늘은 언제나 푸르지만
푸르게 멍든 가슴들의 꽹과리의 신명
신명의 죽음 끝에 도지는 가운데
하늘에는 세월이 흐르고
세상에는 무덤이 흐르고
강물은 또 몇 천리를 흐르고 흘렀다.

들판의 소

환향녀들이 머리감던 시냇가
수양버들 늘어선 언덕너머에
삭임질하던 소가 움직임을 멈춘 채
논갈이하는 경운기를 바라보고 있다.

그의 삭임질 속에는
삭여지지 않는 근심 걱정이 들어 있어서
말없이 슬근 슬근 눈감은 채 그대로
천하사를 뜬구름으로 가늠하고 있다.

면벽 좌선을 하듯이
눈을 떴다가도 감는 까닭은
푸른 하늘 아래, 하얀 구름 아래
끝없는 지평선을 뒤집어엎어 가는 것은
소가 아니고 철제라는 사실,
초식동물이 광물성을 삭이기 때문이다.

차라리
장난꾼 아이에게 끌려가는 편이 낫다.

어린 손에 고삐를 끌리며
순순히 걸어가는 순교자의 길이
얼마나 거룩하고 떳떳한 일인가.

버드나무는 막달라 마리아
머리카락 풀어헤쳐 발등은 닦는가
값비싼 향료를 붓고 발등을 닦는가
기생들도 독립운동을 했다는 생각에
고장난 트랙터를 그윽하게 바라보는가.

바라보면 바라볼수록
야성으로 소리지르며 눈을 부릅떠
뿔에 열을 가하며 대노하는 기상으로
온갖 부정부패를 뿌리 채 뽑으리라고
눈을 지긋이 내려감은 채 삭임질을 한다.

들판의 풀판, 버드나무 그늘에 비스듬히
유태인처럼 비스듬히 자다가도 일어나
모든 사람을 위하여 무거운 멍에를 메고

밭을 갈아 넘기다가 푸줏간으로 끌려가
피를 쏟으며 도살되어 골고루 나누어지듯
어리석은 순진함에 머리를 숙이는
인욕과 순애의 아름다움을 삭임질한다.

들판의 논밭을 철제에게 빼앗겼어도
아름다움을 꿈꾸며 삭임질하는
도덕군자 인도주의자에게
야나기마찌柳町 낭창거리는 여인들이
회개하며 통곡하며
향유 부은 머리카락으로 발을 닦는다.

허수아비論

실향작가 이범선은 그의 대설 「오발탄」에서
허수아비를 가지고 빈정거렸다.

허수아비라는 가명의 법에 대하여
가난한 서민들은 두려워하지만
장관이나 국회의원만 되어도
모두지 무서워하지 않는다고
영원히 잠든 뒤에도 탄식하고 있다.

허수아비는 핫바지, 조선의 핫바지
제 나라 말을 훈민정음으로 말하지 못하고
전신줄에 늘어앉은 제비들처럼, 참새들처럼
지지배배, 짹짹짹짹, 지지배배, 짹짹짹짹
혀꼬부라진 소리로 꽈베기 틀어서
비굴하게 아첨 떨다가 한 몫 잡아서
고대광실에서 호의호식하다가
여전히 짹짹거리고, 지줄거리는
사대주의 논과 밭에 수입풀이 무성하다.

시어詩語 깊이갈이
암유로 공간을 밀폐시키고
상상의 감주를 퍼마시듯이
살아 있는 흙의 진실을 경작하기 위하여
이중섭의 소를 일으켜 쟁기질을 한다.

언젠가는
나도 흙 속의 밑거름이 되어
오뉴월 보리누름 합창을 위하여
그 대동의 하모니, 교향악을 위하여
관념의 감주를 들이키고 쟁기질을 하리.

산 넘어 남촌에서 남풍이 불어오면
산발하는 보리밭 지그재그로 휩쓸리는
그 천지간에 더할 수 없는 황홀경에 취하는
그 날의 위대한 지평선의 합창을 꿈꾸며
쟁기 손잡이 우뚝 쳐들고 깊이갈이를 한다.

쟁기 손잡이 쳐들면 쳐들수록

얄팍한 잔꾀에 찌들린 고정관념
양심의 가시를 빼어 던지고 살던
온갖 타성들을 송두리째 뒤집어엎고
신선한 충격의 생 땅을 뒤집어 올린다.

조국 하면 고향을 떠올리고
고향 하면 어머니를 생각하듯
바느질을 하는 어머니 곁에서
조는 듯 가물가물 등잔불 기름 조는
그리움에 타는 그 소리처럼
들판의 어미 소가 게으르게 울고
새끼 송아지 따라 우는 소리처럼
흙의 정서와 사상으로 젖을 물리는
생명과 사랑의 젖을 물리는
만경강과 동진강 그 두 젖을 물리는
소리가 삭아내려 흙으로 솟는다.

마른 장작에서 불꽃이 피어나듯
이중섭의 소에서 흙이 살아난다.
관념의 감주를 마시고
시어詩語의 논밭을 깊이갈이 하는
이 불모의 지역
저수지마다 바닥이 쩍쩍 갈라지는
이 정신춘궁기에
쟁기 손잡이 쳐들고 깊이갈이 한다.

오랜 탄식 끝에 백발이 성성한 백두산
그 양쪽으로 눈물 흐르는 두만강과 압록강
금강산 등에 지고 허리 굽은 세월
허리 굽은 태백산맥 줄기 타고 내려오다
드넓은 어머니 품을 이룬 평야에
만경강과 동진강 젖줄이 흐르나니
모두들 일어나 쟁기를 잡고
마음 밭을 이랑이랑 갈아 나가리.

흙의 침묵

가을날의 호남평야는
가슴 넓은 지순한 어머니
어린것에게 젖을 물리시던
모성의 볏가리가 지평선상에 가득하다.

벼포기 벼포기가 볏다발로 뭉치고
볏다발 볏다발이 노적봉을 이루듯
흰옷 입은 사람들이 모여드는 저자거리
태극기 물결로 물밀어 나아가는
착한 백성들이 강물로 바닷물로
온몸으로 비비면서 파도쳐 나아간다.

여자가 몸으로 아기를 배듯
흙이 침묵으로 살려내는 벼포기가
황금물결 일렁일렁 넘실대면서
부드러운 물결로 백리금파百里金波를 이룬다.

언덕이 없어 비비지도 못하고
가난한 이웃끼리 의지하면서

만경강과 동진강 젖줄을 빨면서
농부의 뚝심으로 억세게 자라나는
벼들이 얼싸안고 매스게임을 벌인다.

자랄수록 머리 숙이는 벼들은
수리도작 수천년의 고난 속에
정읍사로 애절한 사랑을 읊조리다가
동학농민 혁명으로 분노를 터뜨렸다.

영기令旗 들고 미쳐 날뛰던
농부가 피흘리며 거꾸러진 자리
동학군 묻힌 자리 파헤쳐 보면
백골은 간데 없고 함성 소리만 들려온다.

짓밟히면 짓밟힐수록
더욱 단단히 뿌리 뻗고 일어서는
청보리의 부드러운 율동처럼

언동설한이 추우면 추울수록

더욱 억세게 되살아나 일어서는
청보리의 꽂꽂한 사상으로
흙은 침묵 속에서 싹을 틔워 올린다.

고난을 선량하게 빨래해온 어머니처럼
정한을 슬기롭게 탈춤 추며 달래어 온
한 밝의 백의민족처럼
억눌림을 삭이면서 삭이면서
착하고 아름답게 삭이면서
장맛을 내듯이 그렇게 안으로
흙은 스스로 정답게 썩어짐으로
인종의 미덕을 장만하고 있었다.

벼의 사상

벼는
봄부터 가을까지
수천 볼트의 태양열을 먹고 산다.

마파람에도 사른거리는
벼의 이파리 하나 하나는
수천 볼트의 햇살을 모셔들이는
태양열 주택의 지붕 유리들
하루에도 전력 소모가 엄청나다.

모포기 물어뜯으며 뜸부기 울어도
눈을 감은 채 말이 없다가
햇살이 내려와 몸을 지지면
결실을 위하여 온몸을 내어 맡긴 채
바람 불면 흔들리고 낫질하면 잘려져서
온 논, 온 들판, 온 지평선에 질펀히 깔린다.

노동자들아 기업가들아 벼에게서 배워라
제 몸 베어져 세상에 깔리면서도

곱게 익은 얼굴로 푸른 하늘 우러르는
그 순애殉愛의 정신을 배우거라.

모든 것 다 내어주고도 넉넉한
어진 벼의 박애정신과 대자대비,
착하고 아름다운 것일수록
샘물 솟듯 위하여 살아가는 정신
모름지기 베어져 사라져간
민초들의 침묵을 읽어야 하느니라.

벼가 쌀이 되고, 쌀이 밥이 되어
수백 억의 인체 세포마다 알전등을 켜서
생각하게 하고 달려가게 하면서도
공치사를 하지 않고 침묵으로 일관하는
벼의 사상을 배워야 하느니라.

벼가 쌀이 되고, 쌀이 술이 되어
얼근한 들녘, 꽃 노을이 탈적에
고추잠자리 강냉이 밭을 맴돌듯

농악을 울리며 동네방네 넘나들다가
의병으로, 동학군으로 나아가 피를 뿌리는
이삭 같은 농부를 닮아야 하느니라.

간이역이 선 초등학교
교실에서는 장작난로가 탔었다.
그 밑으로 강물이 흘러간 후
흘러간 강물이 돌아오지 않는다는
썰물 빠져나가는 아픔이 시릴 때
시의 등불을 켜들고
휩쓸려간 모래성을 더듬는다.

시가 고독해질 때
강물은 고요를 저자서게 했다.
고요가 저자서는 강물은 언제나
어머니의 물레소리를 데리고 와서
얼음 속의 물처럼 속으로 울었다.

강물이 흐르는 강변은

모래알과 조약돌이 소곤거렸다.
"우리들이 없이는
강도 세상도 있을 수 없다"고.

노을이 물든 강변에서
모래알은 모래알들끼리
조약돌은 조약돌들끼리
강물에 시름을 흘려보내면서
지나간 이야기를 하고 있었다.

아름다운 꽃물을 하늘에 흩뿌려 노을이 물들게 칠해놓고 완행열차 느리게 섰다 가고 간이역이 서있는 초등학교 교실의 장작난로 그 잉글잉글한 불덩이를 쑤석거린다. 춘하추동 사시장천 태양열에 살찐 소나무 장작, 참나무 장작이 불의 혓바닥 낼름낼름 낼름거리면서 톡톡 튀는 가운데, 유리창 밖으로는 만경강이 흐르고, 그 강변에는 수십 억 년을 강물이 다듬어 만들어낸 조약돌들이 오순도순 이야기를 깊이 해 가고, 그 모래 알에 반짝이는 시어詩語의 사금砂金들, 떼과부들, 유복자들, 유복녀들 남겨놓고 모래알처럼 묻혀간 호남평야의 지푸라기들, 이름도 없이 빛도 없이 사라져간 이름들을 부르며 나의 들개는 밤을 목 쇠게 짖는다. 호남평야 끝없는 들판에서도 짖고, 만경강 동진강 번갈아 오가며 강변에서 강물 보며 짖기도 하고, 무너진 성터, 봉화 둑을 오르내리면서 목 쇠게 목 쇠게 짖는다.

콩나물 가족

봄이 오기 전
매화꽃이 피기 전
꽃샘바람이 시베리아 바람을 흉내내느라
지평선상, 휑하니 열린 들녘을
휩쓸고 지나가거나 말거나
가족은 초가삼간 오순도순 콩나물을 길렀다.

할머니도 어머니도 누이들도
잠에서 깨어나면 표주박으로
옹배기에 고인 물을 떠서는
콩나물 시루 위에 쪼르륵 쪼르륵 부었다.

어머니가 새벽마다 길어오시던
향나무 생울타리 가의 샘물을 퍼붓고 나면
물방울은 휘몰이로 뚝뚝뚝 떨어지다가
잦은몰이로 뚜둑 뚜둑 떨어지다가
중중몰이로 뚜욱 뚝, 뚜욱 뚝—
중몰이로 뚜욱 뚜욱 뚜욱—
진양조로 뚜우욱 뚜우욱—

기다림이 그리움이 되어 물의 종교로 자랐다.

초가집이나 기와집 밖에서는
몸서리치게 꽃샘바람이 불어도
장작불 지나간 구들의 윗목에서는
콩나물들이 깨소금 같은 이야기를 만들어내었다.

청보리와 자운영

매화꽃이 피면서부터
어머니의 가르마 같은 신작로 양쪽으로
지평선상에 애국지사 닮은 청보리와
그 애국지사 부인 같은 자운영 꽃이
지평선에서 하늘까지 펼쳐져 있었다.

그 처절한 엄동설한에도 얼어죽지 않은 청보리와
못자리에 밟혀 썩어지기 위해 태어난 자운영 꽃이
땅인지 하늘인지 이승 저승을 분간할 수 없게 하였다.

시천주侍天主

할머니는
미군 폭격기가 왔을 때에도
소련제 탱크가 왔을 때에도
입버릇처럼 주문을 외우셨다.

시천주 조화정 영세불망 만사지
侍天主 造化定 永世不忘 萬事知

할머니는
할아버지를 잃었을 때에도
아버지를 잃었을 때에도
입버릇처럼 주문을 외우셨다.

신사영기 아심정 무궁조화 금일지
神師靈氣 我心定 無窮造化 今日至

할아버지는 동학민병이었다.
한 밤 중, 산발한 머리카락과
황토 흙 피투성이로 돌아오면

할머니는 시천주만을 외우면서
피묻은 역사를 빨래하셨다.

할아버지와 할머니가 살던
아버지 고향은 동학의 발상지였다.
전라북도 정읍군 신태인읍 신용리
444번지 창원 황씨 집성촌이었다.

할머니는 익산의 황등댁
자식을 나는 쪽쪽 날렸다.
왜 자식을 데려가시느냐고
천지신명께 소지 날리며 묻자
고향을 등져야 자식을 살린다는
해괴한 점괘가 나왔다고 했다.

타향살이는 가시밭길이었다
낯설은 타향살이 풍상노숙은
거리마다 질경이를 번식했다.
뒷산에서 부엉이가 울면

초가에서는 문풍지가 울었다.

"별이 총총 난
여름 밤……
돈 천 원만 누가 준다면
눈알 두 개를 빼주겠다는
늙은 농부가 있었다"고
장영창 시인이 피를 뱉던 시절에
평야는 하늘 아래 누워있었다.

하늘 아래
호남평야가 누렇게 누워있는 까닭은
황달 든 농부들이 어지러워하기 때문이었다.

버들강아지

초등학교 시절
술찌끼를 먹고 등교했다가
술 냄새를 풍긴다고 퇴학당할 뻔한 소녀,
쌀겨를 먹은 그녀가 머리 아프다고 울었다.

뱃속의 회를 잡겠다고
석유를 먹고 울던 소녀
화자와의 소꿉놀이는 시의 첫 경험이었다.

겨울이 죽고
봄이 살아나게 되자
깨어진 얼음 속에서
봄 물결 소리지르며 흘러가고
시냇가 덜 녹은 얼음을 비집고
버들강아지가 젊음을 행세하기 시작했다.

버들강아지는 주름살 속이려고 드는
화운데이숀이나 립스틱이 소용없었다.
그 보콜보콜한 솜보송이는

아이새도우도 소용없는 자연미인
시냇물만 흐르면 그만이었다.

봄마다 버들강아지 피는데
화자야 어디로 갔느냐?
보낼 곳이 없는 편지를 쓴다.

오빠꾸와 봉사각시

할매의 이야기는 물레처럼 느렸다.
다알 다알 다르륵 우는 물레처럼,
할매는 언제나
거시기 머시다냐 그 아득한 옛날옛적
호랑이 담배 먹던 시절에
머슴 놈이 주인의 따님을 욕심내다가
천벌을 맞아 가지고 자자손손
종살이만 지지리도 못나게 했다는디,
머시냐 그 우리동네 오빠꾸가 그짝났댜.

집도 절도 없이 떠돌아다니는 봉사가시가
밤이면 군불 지핀 아궁이에서 잠을 잤다.
고샅길 쪽으로 입을 벌린 아궁이에
온몸을 쑤셔 넣고 얼굴만 내미는 봉사각시에
게
오빠꾸는 새끼에게 벌레 물어다주는 제비처럼
지지배배 지지배배 재재거렸다.

봉사각시가 아궁이에서 기어 나오면

숯불에 꼬실라진 종아리에서
진물이 흘러내리다가 딱지가 앉았다.
다리 밑에서 혼자 제사지내던 오빠꾸는
봉사각시와 함께 제사를 지내었는데,
그 해 겨울, 함박눈이 내리던 날 밤에
아궁이 속에서 봉사각시가 죽자
그녀를 꺼내 안은 오빠꾸는
간장이 찢어져라 퍼질러앉아 울었다.

풍경소리 1

아픔을 소지 올리고
슬픔을 소지 올리고
몸부림도 잠들게 하여
절망을 일으켜 세우는
망해사의 처마 끝의 투명한 울림은
근원을 찾아서 하늘을 난다.

바람 한 줄기 스치면
어머니 옷소매처럼 날렵한
단청丹青 처마 끝에 목을 빼고
눈물 없이 우는 투명한 소리는
피 어린 탄피彈皮 거듭나는 소리—

들끓는 미움이
고요히 잠들도록
피로 물든 세상을 수정처럼
고요한 울림으로 일깨우려고
탄피를 녹여 만든 풍경이
폭발음과 상관없는 정토음을 낸다.

풍경소리 2

생각을 새김질하는
금파백리金波百里 평야 끝으로
조선의 소는 끝없이 반추하고 있었다.
금물결 녹아내려 울림으로 살아난
도솔천 반야심경의 진수……

생각을 깊이갈이 하는
쟁기질의 농심,
쟁기 날을 세우고 세워서
진땀이 진주처럼 응고되어
때묻은 소음을 재우는 소리……
소의 목에서 맑은 소리로 우는
우상牛上의 시詩들이
풀밭으로 흩어지고 유영한다.

투명한 이슬 빛깔로 흔들리고.

새 쫓기

머리 위로 날아가는 새를
쫓을 길이 없지만,

새가 머리에 내려와
둥우리를 틀려고 하면
사정없이 쫓아야 하느니라.

인정사정 보았다가는
영혼이 병들기 때문에
눈물을 머금고 쫓아야 하느니라.

우여— 우여—
윗녘 새는 위로 가고
아랫녘 새는 아래로 가고
수세미 같은 머리 속은
끝없는 번뇌 씻듯이 사라지고
청명한 하늘에 맑은 달만 남거라.

흙의 종교

어머니가 나를 배었듯이
대지는 누운 채 하늘을 배고
어머니가 나를 낳았듯이
평야는 누워서도 씨알을 낳는다.

아버지는 대지에 뿌리내리고
모성으로 생육하고 번성하게 한다.
평야는 어머니처럼
온몸을 내맡기지만 다시 거둬들인다.
밟히면 밟힐수록 살아나는 청보리처럼
완만한 동작으로 밟은 자를 녹여 먹는
흙의 사상은 절대사랑,
아낌없이 내어주고 거둬들이는
신농씨의 종교, 묵도하는 깃발이었다.

시천주 한울님
천주교 하느님
십자가 하나님
게오르규가 칭송했듯이

반원半圓의 무덤은 우주의 닮은꼴,

헤겔의 변증법
맑스의 개똥철학
토인비의 방정식으로는 알 수 없는
예배당의 삼각지붕 위의
십자가 머리 위의 피뢰침,
관원의 창이 하늘을 찌르고 있었다.

예수를 찔렀던 관원의 창이
비를 맞는 호남평야
예수 지붕 머리 위에 서서
저무는 하늘을 찌를 때
만경강 동진강도 피흘리고 있었다.

Ⅱ

태백산 천제단에서……

썰소리

여명이 눈 뜰 무렵
아득히 들려오는 소리는
기진맥진한 어부들의 노동요
풍어를 몰고 다가오는,
만선으로 다가오는 뱃노래가락

에헤 어어기어
우리 쥔내 마누라
궁둥이질 친다
쌀팔아 자식들 먹고
우리 집에 웃음꽃 피네
에헤 어어기어

독수공방獨守空房에
한 숨 쉬던 여인이
치마를 제대로 걸쳤는지
신발을 제대로 신었는지
쏜살 같이 달려나가는 나루에
썰소리가 궁둥이질 치게 한다.

거문도巨文島

안개 속에 잠든
섬 처녀의 잠옷을
태양이 벗기고 있었다.

서서히
완만한 어루만짐으로
햇덩이가 점령해 들어가더라도
여간해서 벗길 수 없는
잠옷으로 꾸물대는 안개는
원시언어를 구사하고 있었다.
때가 묻지 않은 원시언어는
정신 말짱한 벙어리의 노래,
온갖 설측음 구설음 파열음이다.

첫 날 밤
터지는 소리와 찢겨지는 소리
어부들의 뱃노래 사이 사이
유배지에서 한숨을 썰물로 밀어내던
날선비의 시조가락이 굽이친다.

달맞이꽃

청순 가련 형이라고
너무 안쓰러워하지 마세요

먼 빛으로 바라만 볼 뿐
손이 닿을 수는 없지만
그래도 잊혀진 여자는 아니에요

하염없이 올려보다가
날이 새면 시드는
관념의 풋사랑
천애고아의 짝사랑,
누가 보아도 청순 가련 형
가엾은 여자라고
너무 안쓰러워하지 마세요

수녀가 예수보고 살고
스님이 부처보고 살 듯
저는 달만 보고 사니까요

고구마 신화Œ¥

지난 겨울
솥에 들어가지 못하고
싱크대 여기저기 굴러다니며
관심에서 벗어난 유태인 성악가가
주부의 손에 잡힌 바 되어
남으로 난 창문 가에서
다냥한 봄볕을 받아 속잎을 뾰족뾰족
식물성 정신을 살려내고 있다.

아아, 버려진 진실에서 잎이 피는가
버려진, 지체 부자유 애벌레
여기저기 나뒹굴다가
남쪽 창으로 컴퓨터 두들기며
신천지와 교신하는
신화의 계시와 영감……

접시 물을 핥으며
잎으로 하늘에 손을 뻗치는
빠삐온이 기상나팔을 불고 있다.

우수雨水 운주산행雲住山行

다섯 치나 쌓인 눈 위를
인 찍혀 연결된
꿩의 발자국을 따르다가
토끼 발자국을 따르다가
눈꽃에 미친 아내는
길 잃은 선화공주가 되고
징직닌로로 다는 나는
그 뒤를 쫓는 마동방이 되어
설경삼매雪景三昧에 드는 데
한자 깊이 땅속
꿈꾸는 꽃씨나라에
눈뜨고 나오던 개구리들이
꽃샘바람 남았다고 잠을 청한다.

백도낙조白島落照

립스틱이 소용없는 수평선은
언제나 情死로 까무러치기 일쑤였다.

천상에서 내려온 왕자와
용궁에서 벗어난 공주가
절제를 잃은 채 노을을 빨다가
융기隆起되면서 신혼의 족두리 되고
상투 틀어 올리고 남근으로 치솟아
보는 이마다 얼굴을 붉히게 했었다.

돌의 뿌리에 성난 파도는
인간이라는 동물들이 싫어서인가
마지막 지는 해를 배경으로
남근바위 물어뜯으며 어스러지며
들개처럼 목 쇠게 짖어대고 있었다.

조류는 조류대로 들고 날고
해류는 해류대로 흐름을 따라서
찬란한 목숨의 비늘을 날리고 있었다.

반짝이는 소금은 사금이 되고
물 비늘은 물 비늘끼리 한 몸이 되고
수평선 갈매기도 격정이 넘쳐넘쳐
융기융기 올라오는 공주와 왕자,
금반지 끼우는 노을을 비켜 가고 있었다.

가족사진 앞에서

내일을 알 수 없을 정도로
생활이 어려웠던 청춘시절에
소풍 때 찍었던 사진을 바라본다.

아내와 나 사이에 서있는
1남2녀의 표정들에서
우리들의 삶을 읽는다.

영양실조로
철분약을 먹던 아들아이와
풀빵집 주변을 맴돌던 큰딸아이는
몹시도 야위었는데,
막내딸 혜정이만 젖살이 올라서
어린것이 배까지 똥똥하다.

미안하다, 미안하다
둘째딸을 저 세상으로 보낼 때도 미안하다
첫째랑 둘째, 딸과 아들에게는
제대로 못 먹여서 미안하다

미안할 것 없는 막내 딸아이
혜정에게는
젖배는 불렀어도
언니 옷 대물려서 미안하다

우리 부부는 미안한 것뿐인데,
사진은 우리를 보고 원망하지 않는다.

은장도銀粧刀

스스로 다스리려고
불 속에서 태어난다.

억울하게 내쳐진 가문을 세우고
정절을 지키기 위해
투박한 손으로
불 먹음은 은을 다듬어
천하에 빛나는 칼날을 벼린다.

선비정신으로 열녀정신으로
새롭게 태어나는 불의 마음,
참숯을 골라 화덕에 올리고
풀무질로 마음의 칼을 벼린다.

사뒴이 없이 올곧게 살려는 칼
세월을 녹여서 다듬어 만든 칼
어떠한 불의에도 눈감지 않고
하늘에도 땅에도 부끄럽지 않는
천하 제일의 약속을 빚는다.

시론詩論 6

물을 가리켜 H_2O라 하지만
물이면 다 물인 줄 아느냐

콘돔 썩는 한강 물도 물이고
페놀 썩는 낙동강 물도 물이거니와

아무리 벌컥 벌컥 들이켜도
건강하기만 한 우물물도 있거니와
바위틈에 생수 솟는 약수가 있듯이,

온갖 잡것들 가운데
백금반지에 다이아몬드 빛나듯이
언어 가운데 시어詩語로 빛나야 하느니라

시론詩論 7

산문시를 쓰려거든 사금砂金부터 배워라

강변의 모래밭이라고 해서
다 같은 모래밭이 아니니라

모래알 한 알 한 알 모여 백사장이 되듯이
낱말 하나 하나 모여서 시가 되는 가운데
사금砂金 같은 시어詩語가 반짝여야 하느니라

사금이 없는 모래밭은
돌이 씹히는 모래 밥처럼
메마를 수밖에 없느니라.

부활절에

비둘기들이 쓰레기통을 뒤지는
검은 평화가 심난한 골목길에서
찐 계란을 선물 받았다.

소녀가 건네준 찐 계란에는
"예수님은 당신을 위해 부활했다"는
글씨가 띠를 두르고 있었다.

그러나,
나는 어찌해야 할지 알지 못했다.
병아리로 부화될 수 없는 달걀들
씨눈이 질식해 죽어 있는
계란들이 어떻게 부화되어
병아리로 깨어난단 말인가.

병아리로 깨어날 수 없는 찐 계란을
무표정하게 까먹고 가는 사람들은
그 총천연색 부화과정을 알기나 할까.

계란의 부화과정은
결합과 분해와 변화의 상상 세계
현미경과 망원경이 작동하나니
천 만 줄기 강물이 흐르는 실핏줄과
천 만 줄기 산맥이 휘도는 날개가
바위 속의 화석처럼 응고되어 있다.

부활절 기념으로 선물 받은 계란에서
깨어날 수 없는 죽음의 그림자
비둘기가 쓰레기통을 뒤지듯이
관념의 거름자리를 뒤지고 있었다.

일기예보

아내는 병마와 열애 중.

미운 정과 고운 정이 반반임.

죽기 아니면
링거액으로 수혈 중.

짜증이 나면 북서풍이 불다가도
마음을 다스리면
남동풍이 불고,

때로는
추억의 안개,
눈언저리는 향수가 가득함.

축축한 이슬에 젖을 때도 있음.

기가 없어서
맥을 추지 못하고,

삼한사온도 지키지 않고 있음.

사계절
내의를 3, 4겹 껴입고
반칙을 일삼는 항생제를 복용함.

한여름에도
아내는 엄동설한嚴冬雪寒임.

나의 손길을 빼놓고는……

불확실성 시대

빨간 구두가 시멘트 포도를 밟고 간다
검은 구두가 시멘트 포도를 밟고 간다

검정 스커트가 건널목을 건너간다
검은 바지가 검은 그림자를 밟고 간다

검은 안경이 아파트 엘리베이터를 탄다
검은 테 안경이 또 엘리베이터를 탄다

악어 핸드백이 실내로 들어간다
소가죽 돈가방이 아파트로 들어간다

여자가 코트와 투피스를 벗는다
남자가 양복과 와이셔츠를 벗는다

여자가 마지막 팬티를 벗고
욕실로 들어갈 때
남자도 마지막 팬티를 벗고
욕탕으로 들어간다

남자의 등에서 꿈틀거리며
솟아오른 용이 어찌 하는지
운전기사가 라디오에 귀를 기울인다
손님도 라디오에 귀를 떼지 못한다

아아, 그런데
여자는 개나리 아파트 12층 3호실인가
남자는 무지개 아파트 3층 5호실인가

폐차장에서

대퇴부 골절상인가
무릎 뼈가 부러져 나갔는가
흩어진 타이어와 빠개진 쪼인트
낭자하게 나뒹구는 가운데,
피 흘리듯, 검은 피 흘리듯,
썩어 흐른 엔진오일이 눈감고 있다.

썩어 흐른 엔진오일이 눈감고 있다.

헤드라이트 눈알은 빠져있고,
폐를 뜯어낸 듯한 에어 크리나,
엔진은 심장처럼 떨고 있다.

인체를 찢어발긴 장기은행처럼
온갖 차량을 다 찢어발기고 분해한
2천 년대의 폐차장에서
미래의 어둠을 점치고 있다.

간장 2

누가 뭐라 해도
고전주의 중심 자리야.

규모가 크거나 작거나
잔칫상의 중앙에 좌정하는
고전 중의 고전,
중심 중의 중심이야.

콩(太)은 생명의 원천
무극無極에서 태극太極이 함께 하는
종갓집 맛 며느리
그녀 손끝에서 살아나는 맛
구미口味 예술의 중심인 게야.

잔盞

너와 나 사이에
체념을 멈추게 할 여지가 있다.

어제나 비어 있어도
언젠가는 채울 수 있겠지 하고
믿는 구석이 있다.

너와 나의 신명은
그 신앙의 일용할 양식,
투명한 잔에서 비롯된다.

언제나 비어 있어도
허기진 줄 모르는
처마 밑의 제비새끼들…

어미 앞에 입을 쩍쩍 벌리 듯
언제나 입을 벌리는
벌레를 통한 비상의 모험이다.

불 속에서 흙이
천년 학을 날려보내듯
하늘빛 청자에서
백학이 훨훨 날며
천상의 꿈을 지상에 편다.

빈 잔이 채우지는 순간은…

연길 이발사

양가죽을 벗기려는지
돼지 비계를 발라내려는지
여자이발사는 벽에 걸린 가죽 혁대에
면도칼을 쓱쓱 비비고 있었다.

그녀가 나의 볼을 밀 때
면도날이 살 껍질을 벗기는 줄 알았다.

"살 껍질이 너무 아픕니다."
"오래된 칼이라 무딘기라요."

"서울엔 잘 드는 면도기도 많은데,
사다 쓰지 그러세요?"

"서울은 몰라!
북조선 평양에 친척들이 산다오"

함경도 지키던 지킴이 후손인가
청산리 독립군 후손인가 하여

볼이 벗겨지는 아픔을 참아야 했다.

목이 달아나지 않으려면…

눈물의 씨앗

요염한 입술의 사랑을 받던
담배꽁초가 하나
혼신을 다 태우다가 버려진다.

승용차 유리문 밖으로
유성처럼 퉁겨 나온 목숨이
쇠창살 늠서리로 해서
하수구 시궁창에 버려진다.

금붕어가 물을 마시듯이
뻐끔뻐끔 빨아들일 때는
샛별같이 잠 깬 눈을 반짝이며
빛을 내던 여자와
빛을 내던 남자가
발길에 채이고 버려진다.

겨울 고사목

눈이 쌓이면
은빛으로 말한다.

살아있다고
죽지 않고 살아있다고
지순(至純)한 소리로
온산 골짜기마다
목 쉰 소리로 쩌렁쩌렁 울린다.

비목碑木처럼
눈 덮인 나무의 비문碑文처럼
사연은 고스란히 안으로 잠근 채
침묵으로 말하되
산짐승처럼 포효하는 몸짓
순간을 죽어서 영원히 사는
찬란한 슬픔의 은군자隱君子라고.

※은군자(隱君子) - 부귀와 공명을 구하지 않고 숨어서 사는 군자.

태백산 천제단에서

단군 할아버지에게
큰절을 올리고 소원을 빕니다.

고구려는 우리나라 땅이고
독도는 우리나라 섬인데
하이에나들이 자기 땅이라 합니다.

청나라가 내려와 물어뜯고
왜구가 건너와서 물어뜯고
미국과 소련이 허리를 잘랐는데,
식민문화는 당신의 생일 대신에
예수의 생일을 찾고 있습니다.

반만년 유구한 역사
단기 4337년 대신에
서기 2004년을 쓰고 있습니다.

단군 할아버지
당신의 생일도 찾지 않고

남의 생일을 대신 쓰는 백성으로서
치욕을 씻고자 하오니
불쌍한 이 나라 통일되게 하십시오.

새해부터는 단기를 쓰면서
당신의 자손으로 살겠습니다.

시간 선택

커피냐 녹차냐
아무리 생각해도 결론이 나지 않는다.

맛이냐 건강이냐
아무리 생각을 굴려도 결미 결미結尾가 잡히지 않는다.

쾌락이냐 교훈이냐
아무리 생각을 꼬물거려도 인생은 해당이 없다.

사람답게 사는 길과
끈질기게 사는 길

깨끗하게 사는 길과
더럽게 사는 길,

토막낸 무는 자르기 좋아서 좋고

질긴 칡뿌리는 조상의 목숨 같아서 좋고
자주국방은 자주국방대로 좋고
한미연합은 한미연합대로 좋고

황희 정승의 미지근한 태도는
데일 염려 없어 좋고…
푸른 하늘에 흰 구름 같은
우물 정(井)자 바둑판에 좌정한
하얀 바둑알은 운봉雲峰의 도인道人
흰머리와 흰 수염과 하얀 두루마기
순간과 영원의 말없음표.

송무松舞

주리 틀린 선비들이 춤을 춘다
죽은 목숨 살아왔다고,
이제부터의 삶은 덤이라고
풋감 운수 같은 덤이라고
푸른 기상으로 얼쑤얼쑤
비틀거리다가도 다시 서며
하늘 번쩍 치켜드는
침엽의 창과 칼 하늘로 뻗친다.

유배지로 떠나기 전에
주리 틀린 다리 뒤틀면서
쑥대머리 사이로 칼날 같은 눈
별을 보며 달을 보며
휘청휘청 춤을 춘다.

우주풍경宇宙風景

송사리가 꽃잎을 무는 것처럼
아침 햇살이 입술을 물고 있다.

앵두에 맺힌 이슬이
입술을 유인하고 있다.

입술에 빨려드는 앵두가
아침 이슬을 머금은 채
떨어지려고 떨어지려고
아슬아슬 내맡긴 앵두 입술은
하늘에서 땅까지 아득한
그리움의 무게……

하늘에서 내려오는
천사의 유두,
앵두 빛 햇살을 입에 문다.

천상의 소리

안개꽃이 안개 속에서
달맞이꽃이 달빛 속에서
물방울을 잘게 부수기도 하고
흩뿌려 날리기도 하면서
구름 속 돌확에 구슬을 굴린다.

바람은
머리카락 가만두지 않는
바람은
나뭇잎과 놀다가 숨다가
그와 더불어 살다가 죽다가
천상천하의 컨덕터 지휘봉 끝으로
물오른 소립자를 피어 올린다.

사모곡思母曲

- 이상수 사장의 발성법 -

우리 어머니는 꽃피우고 있어요. 환한 웃음꽃으로 나를 꽃피우고 있어요. 언제나 사랑으로 꽃피우고 있어요. 장마비가 할퀴고 지나간 자리에서도 꽃피우고 있어요. 칠흑같이 어두운 경사 언덕 오솔길에서도 꽃피우고 있어요. 꽃피는 식물에게 접붙이는 자식에게 먹이려고 밤참을 머리에 이고 오르시던 황토 언덕에서도 꽃을 피우고 있어요. 험한 산길 휘어 도는 청둥오리처럼 오르시다가 황토 언덕에 주르르 미끄러지면서도 꽃 같은 웃음으로 꽃피우고 있어요. 머리에 인 음식을 엎지르지 않으려다가 입은 상처를 내내 숨겨오시면서 안으로 안으로만 꽃피우고 있어요. 국수를 맛있게 먹으라고 하시면서 치마를 연신 밑으로 끌어내리셨지요. 몸을 비틀면서도 아픔을 감추시려고 웃음꽃 환하게 피우셨지요. 그 때는 정말 몰랐답니다. 피가 흐르는 상처를 보이지 않으려고, 아픔을 참으면서 치마를 내리시던 어머니는 심정과 사랑의 정열 덩어리, 순애의 정열 덩어리였습니다. 중학시절, 찔레나무에 일곱 가지 장미

꽃을 피웠을 때에도 동네방네 사람들아, 우리 동네 경사 났다고 농주를 퍼 돌리며 아들 자랑을 하시던 어머니! 어머니가 지금도 살아서 제 가슴에 꽃피고 있어요. 웃음꽃 환하게 피우고 있어요. 꿈꾸는 듯 꿈꾸는 듯 사랑과 정열의 꽃으로 환하게 웃고 있어요.

성서병풍찬가聖書屛風讚歌

- 雲柱 金長釪 牧師 古稀를 紀念하여 -

우리의 재산목록 제일호는
김장우 목사의 성서병풍 서예 글씨
읽는 이의 가슴에서 영혼으로
밤하늘의 별처럼 빛을 내고
강변의 사금처럼 반짝이면서
하늘나라 징검돌이 되어
성스러운 언어의 수繡를 놓아갑니다

운주 김장우 선생께서 병풍에
잠언 3장과 5장을 쓰고,
노을진 꽃물로 낙관을 찍으면
그 사랑이 천국에 등기되어
우리들이 그 병풍을 펴게 되면
생명은 영원히 살아 남게 됩니다

김장우 선생이 병풍에 글을 쓰듯
하루 이틀 달과 해가 거듭될수록
인생 글은 우리를 거듭나게 합니다

아침 강변에 사금이 빛나듯
밤하늘에서 별들이 반짝이듯
성서 문체에 거듭나게 되고
서예는 우리와 영원히 살게 됩니다

고스톱

민주주의는 민주주의인데,
한국적 민주주의란다.

아니,
한국적 민주주의라기보다는
한국적 자본주의란다.

민주적 자본주의인가
자본적 민주주의인가
한국적 민주적 자본적이 혼용되어
헷갈리다가도 해장술에 맑은 정신이 되는
아주 신기한 우리나라 대한민국.

골목마다 이 골목 저 골목
토하는 잡놈들이 많아서
청소부가 늘어나는 나라,
우리나라 좋은 나라, 대한민국.

돈이 좋아서 좋은 나라,

여호와의 신보다 돈의 신이 효과 있어
돈이면 세상만사가 다 뚫리고,
술집에 지폐를 낙엽처럼 흔전만전
뿌리고도 끄떡없는 지상천국,
돈 가진 사람은 살기 좋은 나라.

빨간 불과 파란 불의 사이사이
생각을 꼬물거리다 가는 사람들과
썩은 고기 물고 뛰는 하이에나들의
흥망성쇠의 불안한 이빨과 이빨들.

그 가운데
껍질들 많이만 모아놓으면
선량도 되고 나라님도 되어
잘 나가다가 데모대에 멈추고,
멈추었다가 다시 굴러가는 나라,

신기하게도
너무 많이 먹은 놈은 설사하고

반칙하는 놈은 피박으로 죽는 화투
우리나라 좋은 나라, 아 대한민국
민화투 왕조를 지난 고스톱의 나라,
가다가도 멈추고, 멈추었다가도
다시 굴러가는 나라, 우리나라 대한민국.

임진년, 병자년, 3.1절, 8.15, 4.19, 5.16
잘 나가다가 서고, 섰다가 다시 가는
붉은 신호등과 푸른 신호등이 교차하는
눈물겨운 희비쌍곡선에 헷갈리는 나라

민주적 자본인가, 자본적 민주인가
부정을 삼키다가 토해낸 골목으로
어김없이 해뜨는 해장술이 좋은 나라.

소리 없는 아우성에 대하여

국문학과 학생에게서 소설이 날아왔다
우편으로 정중하게 보내온 게 아니라
인터넷이라는 문명의 이기로 던져왔다
문을 열어보니 얼굴이 보이지 않았다
아무리 마우스로 올리고 내리고 더듬어도
안개 속 소설의 얼굴이 보이지 않았다
제목 없는 이야기를 읽다가 얼굴이 없는,
초등학교 교정의 목이 잘린 단군 할아버지와
저 경주 박물관 뒤뜰에 앉아있는 돌부처
그 얼굴이 없는 돌부처를 유추하다가
미국과 이라크 사이에 벌어진 종교전쟁과
깨어진 역사의 사금파리를 주워담으며
내가 제법 페스탈로치인가 성자인가
병신 육갑하듯 두드리고 재단하는 쓰레기
소리 없이 반란하는 아우성의 깃발을
국어국문학과 학생에게 뒤흔들었다.

술

단풍은 김인섭과 이창년이다.
그윽한 얼굴에
포도당이 익는다.
단풍이 늙어서
술을 빚는다.

김인섭 시인 같이
이창년 시인 같이

전장에서 죽지 못해 우는
김인섭 시인 같이
여자 때문에 죽지 못한
이창년 시인 같이.

호시절好時節에

춘삼월 호시절에 아내는
고매古梅가 피었다 말하고

나는
늙은 매화꽃이 더 아름답다 말하고

당신은 어쩌면 古梅를 닮았느냐 말하고
당신은 어쩌면 늙을수록 귀여운가 말하고

매화꽃이 피듯이
립스틱 꽃 입술 요염한 달밤에

古梅의 코먹은 소리는
처마에 달린 수정 고드름 같다고 말하고.

봄이면

초등학교 시절
술찌끼를 먹고 등교했다가
술 냄새를 풍긴다고 퇴학당할 뻔한 소녀,
쌀겨를 먹은 그녀가 머리 아프다고 울었다.

뱃속의 회를 잡겠다고
석유를 먹고 울던 소녀
화자와의 소꿉놀이는 시의 첫 경험이었다.

겨울이 죽고
봄이 살아나게 되자
깨어진 얼음 속에서
봄 물결 소리지르며 흘러가고
시냇가 덜 녹은 얼음을 비집고
버들강아지가 젊음을 행세하기 시작했다.

버들강아지는 주름살 속이려고 드는
화운데이숀이나 립스틱이 소용없었다.
그 보콜보콜한 솜보숭이는

아이새도우도 소용없는 자연미인
시냇물만 흐르면 그만이었다.

봄마다 버들강아지 피는데
화자야 어디로 갔느냐?
보낼 곳이 없는 편지를 쓴다.

파도여

나는 화끈했다.
정사도 그런 정사가 없었다.

너는 나에게
나는 너에게
끝없이 돌진했고 부서졌다.

헐레 붙는 산짐승처럼
신음을 토하고 토하고
포효하다가 포효하다가
까무러치고 죽기를 수없이
죽다가 살고, 살다가 죽었다.

소금이 허연 이빨을 드러내면서
죄 없는 웃음과 울음을
죄짓듯이 그렇게 죽다가 살아났다.
도시의 창백한 형광등 불빛 아래서
기침을 콜록이는 나에게
너는 죽고 사는 법을 가르쳐주었다.

피아노

아내의 손가락 끝에서
피라미가 튀어 오른다
창공으로 튀어 오르다가
은하수에 섞여 흐르다가
푸른 물살 따라 흐르다가
금빛 햇살에 튀겨지다가
은빛 달빛에 파르르 떨면서
조약돌에 부딪치기도 하고
모래밭에 떨어져 파닥이다가
하늘 천주로 흩어지는 찰라
무지개 뜨는 사금 가루
사금이 온몸을 감싼
은빛 피라미가 바르르 날린다

천상천하에 반짝이는 음악
손가락 끝에서 우주가 튀겨지며
파닥이는 노래,
젊은 시절
아내의 손가락에서 빠져나간

그 피라미는 우주공간 어느 지점을
파닥이며 가고 있을까
하나님의 손끝이나 발끝에서
수줍게도 바르르 떨고 있을까.

향기나라

나의 눈이
七色의 비빔꽃밥을 즐거워하듯이
맹렬히 작동하는 나의 五官이
허브랜드 굽이굽이 살펴보듯이,
와인 잔에 떠 있던
보리지 꽃잎 하나 내 안으로 들어와
꽃눈을 반짝이면서 하류로 내려간다.

목을 넘고 식도를 타고 내려
미끄럼을 타던 보리지 꽃잎이
연보라 빛 청사초롱을 켜들고
삼라만상 굽이굽이 흘러가면서도,

종이배를 띄우던 타고르처럼
이 구석 저 구석 꽃향기 피우면서
인체 사지백체 수 억천만 세포마다
온몸 구석구석 샅샅이 훑아가며
일제히 등불 켜고 향기나라 꽃피운다.

조선의 새

- 뮤지컬 '최승희'를 보고 -

학鶴이 날아와 발을 씻는다.

눈물에 얼룩진 앙금을 씻고
천상으로 날아가기 위하여
세상과 영이별하는 찰나 발을 씻는다.

동서양, 세계무대에서 너울너울
무한히 펼치고자했던 조선의 꿈
지상의 발바닥에서 천상의 머리끝까지
콩닥콩닥 뛰는 심장으로
조선꽃 활짝 피우고자 했던
그 찬란한 날개 접은 채 발을 씻는다.

왼쪽 날개만이 퍼덕이게 하는
이유 없는 미움이 들끓는 새장에서는
자유롭게 춤을 출 수 없다고
꿈속에도 밤하늘 어둠 속을 날면서
사랑과 슬픔을 울부짖던 새가
이승의 마지막에 발톱을 깎는다.

춤추는 양 날개를 위하여
땅을 차던 발바닥을 위하여
발톱은 싸움 끝에 날카로워졌는가.

시들어 가는 몸을 두들기며
처량하게 울던 조선의 새,

세속의 발톱을 자른 새가
선녀의 날개옷, 가방 하나 들고
왼쪽 날개 오른쪽 날개 구분 없이 사는
춤사위 자유로운 영원한 나라로
너울너울 춤을 추며 선학仙鶴으로 난다.

- 단기4336년(2003) 10월 10일 밤
예술의 전당에서 -

종말론

세상 끝 날이 되면
해와 달이 빛을 잃고
별들이 떨어진다고 하지만
그렇게 믿을 시절은 지났다.
해와 달이 빛을 잃거나
별들이 떨어지기 전에
우리들이 먼저 빛을 잃고
떨어져 나가겠기 때문이다.
그 때가 되면
불로 세상을 태우고
무덤에서 시체가 일어난다 하지만
그 때를
기다릴 필요가 없게 되었다.
세상은 이미 두 개의 혓바닥
입술의 기운으로 불지르는
북한강 러브호텔들
소돔과 고모라 성이 불타고
저승사자들이 횡행하기 때문이다.

자연스러움에 대하여

- S대에서 쓴 「사도행전」 -

아지랑이 아른거리는 철길도 아닌데, 여교수가 저만치에서 봄 날씨 분위기로 리드미컬하게 걸어가고 있었느니라. 가던 길을 멈춘 그녀는 빈 벤치에 커피가 반쯤 담긴 종이컵을 집어들고 다시 걷기를 시작하였느니라. 그 종이컵에는 커피가 싸늘한 체념으로 약간씩 출렁이면서 숲 속에 열린 조각 하늘과 더불어 반 공중에 느림의 미학을 살려내면서 떠가고 있었느니라.

후술가 정원을 지난 여교수는 감기 조심하라는 피켓을 든 학생들과 바이올린을 켜는 학생의 사잇길을 지나 향상을 바라는 순헌관 계단을 오르고 있었느니라. 그녀가 엘리베이터에 오를 때까지 쓰레기통은 보이지 않았느니라. 산호가 빛나는 深海, 4미역줄기 사이로 물고기들이 떼를 지어 지느러미를 가벼이 움직이듯, 학생들이 오고 갈 뿐 고요함이 저자서고 있었느니라.

종이컵을 공손히 든 여교수는 저만치에서 지성에 감성이 반반쯤 혼용으로 스민 모습 그대로 걷기를 계속하고 있었느니라. 반쯤 마시다 만 애증의 현실을 방치해서는 안 된다는 듯이 그렇게 다소곳이 양양하게 긴 복도를 걷고 있었느니라. 산들바람이 풀밭을 스쳐가듯 자연스러움이 고요함을 저자서는 가운데……

병실의 링거액이 환자에게 수혈되듯, 종이컵에서

시발된 심정의 줄이 백의겨레의 핏줄처럼 혈관을 타고 수시로 왕래하고 있었느니라. 태양의 미소와 바람의 애무가 나무 숲 사이사이로 스며들고 교신하며 물어 나르는 가운데, 심정으로 어루만지는 母性과 師道에 꽃이 피고 열매맺는 탄산동화작용이 펼쳐지고 있었느니라.

커피가 반쯤 남은 종이컵을 공손히 든 여교수가 긴 복도를 꿈길처럼 아스라이 걸어가는 가운데……

작품해설

시인론

⋮

큰무당이 불러낸 受難三代

오봉옥
시인 · 서울디지털대학교
문예창작학부 학부장

1

근대 이후 큰무당이 여럿 있었지만 그 중 으뜸은 신씨 할머니였다. '호남평야'를 막 빠져나오면서 제일 먼저 떠오른 이가 그이였다. 그이의 굿은 제의일 뿐 아니라 축제이기도 했다. 난 그이의 8시간짜리 굿에 참여한 적이 있었는데 전율을 느끼지 않을 수 없었다. 몰아일체의 경지에 빠져들어 8시간이 어떻게 지나갔는지 알 수 없을 정도였던 것이다. 나에게 「호남평야」는 신씨할머니의 굿과 같이 함께 웃고 울고 넘나드는 그 무엇이었다.

「호남평야」는 삼대에 걸친 가족의 수난사이면서 우리 민족의 수난사이기도 하다. 그런 점에서 그것은 가히 혈연적 상상력이라고 불러도 좋을 만한 규모를 갖추고 있다. 만신의 손짓을 따라가다 보면 '동학민병'인 '할아버지'가 나오고, 홀로 남아 물레질을 하는 '할머니'가 나온다. '동란'의 불타는 거리에는 '아버지'가 서있고, '회칠한 도시'의 불타는 거리에선 화자가 서있다. 물론 그 바탕에는 '누렇게 누워' 신음하는 '호남평야'가 펼쳐져 있다.

만신의 공수는 유배, 한, 슬픔, 눈물과 함께 소외와 저항의 역사가 서린 '호남평야'를 일으켜 세운다. '계백장군의 말갈기 날리며 달리는' 역사, '동학'으로 대변되는 민중의 생활과 봉기, '동란'의 처참한 현장으로서 그 치욕의 이야기가 되살아난다. 지평선이 바라보이는 김제만경들과 산지사방으로 흩어지는 열린 물길을 신명으로 펼쳐 보인다. '끝없이 펼쳐진 청보리밭'과 '상투를 풀어헤친 할아버지처럼' 散髮한 호남평야의 물줄기를 넋 나간 듯이 바라보게 하는 것이다.

오늘 나는 이 자리에서 전율에 사로잡힌 그 시간들을 돌아보고자 한다. 작품을 총체적으로 분석할 능력은 내게 없다. 다만 그 전율의 느낌을 몇 자락 펼쳐보는 것으로 만족할까 한다.

2

큰무당이 큰무당인 것은 굿을 제의의 차원을 넘어서 잔치로 몰고 가기 때문이다. 신과 인간을 연결시켜서 감정을 주고받게 하고, 내 한과 남의 한을 연결시켜서 하나로 발산하게 하고, 자기내면의 환희랄까, 고통이랄까 모든 희로애락의 감정을 온

몸으로 굽이굽이 펼쳐내기 때문에 큰무당인 것이다. 마찬가지로 「호남평야」는 지극히 개인적인 것으로서의 구체를 확보하면서도 그것을 공적인 것으로 나아가게 하고 그것을 또 민요 가락에 실어 긴 호흡으로 유장하게 풀어놓는다.

벼향기 무르익은 들녘에는
허수아비도 보이지 않았다.
우여어 우여어 새우는 소리도
간 곳 없는 적막강산이었다.

벼들이 침묵하는 정적 끝에
하늘에서고 땅에서고
콩볶는 총소리 들리면
탄피 주으러 몰려다녔다.

밤이면 밤마다 불빛이 무서워서
또르르 웅크려 숨어사는
음지식물처럼 어머니는 그렇게
이불 속으로 도가니 속으로
꼭꼭 숨어라 머리카락 보일라 했다.

(중략)

희부연 허벅지에 바늘 자국을 남긴
전쟁미망인들은 남편귀신들과
이승과 저승을 넘나들며 살았다.

-「유년의 초상 2」 중에서 -

전쟁통에 아버지를 잃은 화자로서는 놀라울 만치 차분하게 자신의 생활과 어머니의 생활을 그려낸다. 전쟁통에 '탄피'를 주우러 다니는 아이들은 말할 것도 없거니와 '이불 속'과 '도가니 속'으로 숨곤 하던 어머니, 그러면서도 밤이면 밤마다 '남편귀신들'을 불러내며 살아야 하는 어머니의 형상은 당대 민중의 보편적인 고통을 날카롭게 각인하고 있다.

만신이 된 시인은 '受難三代'를 실감나게 되살려내고 있다. '東學民兵으로 나서서 官軍에 대적하던 할아버지'와 그 '바지 가랑이 붙들고 울부짖는 할머니의 산발'한 모습, '붉은 군대에게 밥해주었다고 끌려가고/ 푸른 군대에게 밥해 주었다고 끌려가고/ 개처럼 끌리며 몰리며 實彈짐 진 채 끌려가다가 드르륵 드르륵 총살당하던' 아버지와 '음지식물'처럼 '이불 속'이나 '도가니 속'에서 숨어 살아야 했던 어머니의 모습, 그리고 '휘황찬란한 문명의 밤에 문화인도 되지 못한 애벌레'로 살아가는 화자의 모습을 핍진하게 그려내고 있는 것이다. 여기서 주목할만한 것은 화자의 삶으로써 강한 역사의식과 힘찬 기개를 내세우면서도 작고 여린 생명체에 세심한 관심과 애정을 기울이고 있는 점, 다시 말해 반문명적 사고와 함께 생태학적 인식의 깊이를 보여주고 있는 점이다.

호남의 쌀 倭米되어 실려가던

그 지긋지긋한 일제의 침탈보다도
굶는 날이 먹는 날 보다도 많았던
6.25 이후의 보릿고개보다도
더 무섭고 지긋지긋한 정신춘궁기에
농약방제 피해 나온 나비애벌레가
풀잎을 도르르 말며 풀집을 짓는다.

하나의 풀잎 속은 애벌레의 우주
때가 되면 나비 되어 청산 가는데

(중략)

반딧불을 잡아다가
모기장 속에 풀어놓으면
우주 천주 반공중에 별들이 소곤대고
모깃불 쑥연기 마당가로 흐르는
실비단 같은 동화 얘기는 진실이었다.

등잔불 기름 조는 소리 들으며
긴 편지를 쓰던 밤은 어디로 갔느냐
호롱불은 형광등으로 바뀌어
만년필은 볼펜으로 바뀌어
창백한 형광등 불빛 아래서

(중략)

이 휘황 찬란한 문명의 밤에

문화인도 되지 못한 애벌레가
(중략)

다듬이질을 하시던 어머니는
창백한 형광등 문명에 감전사했다.

시인은 인간의 이기에 의한 '농약방제' 의 행위를 걱정 어린 눈으로 바라보고 있다. 인간은 수확량을 늘리기 위해 맹독성 농약을 무작위로 사용한다. 그 결과 수많은 생명체가 죽거나 추방당한다. '나비애벌레' 가 '농약방제' 를 피하지 못했다면 그곳에서 죽었을 것이다. '나비애벌레' 는 '농약방제' 를 가까스로 피해 '풀잎을 도르르 말며 풀집' 을 짓는다. 시인은 이러한 모습을 보며 '일제의 침탈' 보다도, '6.25 이후의 보릿고개' 보다도 더 '무섭고 지긋지긋한 정신춘궁기' 라고 질타한다. 곧이어 시인은 우주의 조화로운 삶을 이야기한다. '반딧불' 과 '쑥연기' 와 '실비단같은 동화 애기' 를 하는 인간의 조화로운 삶은 그 자체로 황홀한 우주율이 된다. '반딧불' 과 '쑥연기' 를 피어 올리는 인간의 내밀한 교감은 '반공중의 별' 들을 만들어낸다. 여기서 각 사물은 별개로 존재하지 않고 하나로 동화된다. 이렇듯이 시인이 말하는 '진실' 은 자연과의, 사물과의 일치를 이루는 삶이다.

'등잔불 기름 조는 소리 들으며 긴 편지를 쓰던 밤' 은 자연의 순환질서 안에서 작동하는 인간의 낭만적 행위이다. 하지만 '호롱불이 형광등으로 바

꿔어' 낮과 밤의 질서를 깨트려버리는 현실은 자연을 변형시키는 것, 파괴하는 것이 된다. 이렇게 될 때 인간은 이미 자연의 일부가 아니라 자연을 파괴하는 대상, 정복하는 대상이 된다. 이 또한 '精神春窮期'에 나타나는 한 현상일 수밖에 없다. 급기야 시인은 생태계의 파괴를 전제로 하는 문명의 한계를 '어머니는 창백한 형광등 문명에 감전사했다'고 충격적으로 고발한다. 문명은 이미 우리에게 비극을 불러오는 대상, 우리의 삶을 송두리째 무너트리는 공포의 대상이 된 것이다. 이러한 통곡의 근원에는 시인의 생태학적 인식 즉, 생명과 생명의 관계, 생명과 환경의 관계에 대한 깊이 있는 인식이 자리 잡고 있다.

「호남평야」가 우리 민족의 수난사를 그 밑바닥에서부터 유장하게 그려내기 위해 민요가락을 차용하고 있는 것은 지극히 자연스러운 일이다. 자연스럽게 흘러나오는 민요가락은 향토적 서정과 민중의 기개를 살려내는 데에 적합하고, 민족의 수난사를 유장한 가락으로 풀어 가는 데에도 적합하다.

하늘에는 환인천하 땅위에는 백의민족
흰색으로 빚어만든 막사발을 올려놓고
홍익인간 크신뜻을 펼치시길 빌고 있다
남북한이 통일되게 해달라고 빌고 있다

- 「조선 막사발」 중에서 -

은어떼가 물밖으로 파닥이듯이

푸른 등허리와 하얀 배때기를 파닥이며
은사시나무가 손짓하는 그 아래
신작로 양켠 꽃자주빛 융단에서
해지는 줄도 모르고 해찰을 했다.

무릎까지 자라 올라온 자운영 밭에서
화자는 나에게 꽃시계를 채워주고
나는 그녀에게 꽃목걸이를 걸어주고
잉잉대는 벌떼들 축복하는 가운데
우리는 부끄러운 새끼손가락을 걸었다.

-「紫雲英」 중에서 -

만신의 우렁우렁한 목소리는 우리에게 익숙한 3음보, 4음보 가락에 실려 굽이굽이 흘러간다. 「조선막사발」에서 확인할 수 있는 바와 같이 처절한 형상을 드러내어 어루만지기도 하고 가슴 속 응어리와 한을 패기에 찬 목소리로 유장하게 늘어놓기도 하는 것이다. 또 「자운영」에서처럼 너무도 서정적인 이야기를 날렵하게, 때론 능청맞게 느릿느릿한 속도로 교직하며 전달하기도 한다. 여기서 확인할 수 있는 것은 3음보와 4음보가 물 흘러가듯이 한 템포로 섞여 자연스럽게 흐른다는 점이다. 경쾌하고 발랄한 3음보와 장중하고 느릿한 4음보가 자유자재로 뒤섞이며 미끄러지듯이 흐르는 것이다. 마치 드넓은 바다에 이르기까지 유장하게 흘러가는 강물처럼 3음보와 4음보의 가락을 타고 출렁출렁, 쉴 새 없이 내달리는 것이다. 그리하여 우리는 그 일정한 흔들림 속에서 취한 채 따라가게 된다.

「호남평야」가 또 큰무당의 굿판처럼 우리를 사로잡은 것은 완숙한 경지에서 나온 서사기법에 힘입은 바 크다. 가령 '청보리밭'을 상상의 매개물로 설정하여 동학의 형상을 불러낸다든가 '눈을 맞는 무덤 가'를 통해 '할머니의 물레 소리'를 불러낸다. 시인의 능숙함은 서사기법 뿐 아니라 정신의 측면에서도 드러난다. 자칫 관념의 토로로 치우칠 수 있는 상황에서 완급을 조절하여 그 형상적 내실을 다진다든가 격정의 상태로 내몰릴 수 있는 상황에서 해학의 기법으로 감싸면서 넘어가기도 한다.

요새 판검사들, 변호사들
속 구린 것 들쳐볼라 치면
세상에 워디 먹을 게 없어서
허가낸 법으로 등쳐먹것소
법으로 빌어먹은 그 양반들은
우리네 똥이나 빨드라고, 잉.

워넌히 워넌히 안그럴랍디어
우리들 비렁뱅이도 양심은 있었오
법도가 있었고, 규율도 엄했소.
어허, 시구시구 들어가면서도
요즈음 판검사, 변호사들처럼
그렇게 싹수 노랗게는 안 살았오.
작년에 왔던 각설이가

죽지도 않고 또 왔다고
어허, 시구시구 들어가면서
시구시구 쑤시고 다닐 적에
숫기 왕성한 젊은 놈이
아녀자를 겁탈했다는 디
워쩔 것이요, 워쩔 것이요.

우리들은 요즈음 법관들처럼
그렇게 법으로 비럭질하지는 않았제.
넘실넘실 흐르는 만경강으로
달빛은 교교히 흘러내리는 데,
모래밭에 눈물 뿌리며 뿌리며
깡통밥에 숫기 넘친 총각놈을
산 채로 강변에 묻어버렸다고요!

오살할 놈, 육시랄 놈, 썩을 놈, 잡놈
온갖 욕설을 다 모아다가 탈곡하면서
그 놈을 모래밭에 파묻을 적에
이 동네 저 동네 깡통 두드리며
밥 빌어먹던 동냥아치의 손
두 손 비비면서 한번만 한번마안!
살려달라고 울부짖을 적에
모닥불에 살찌던 그 정을 싹둑싹둑
모질게도 자르고 떠나왔는디.

-「장타령꾼의 눈」 중에서 -

여기엔 처절한 신명이라고나 할까, 고통의 신명

이라고나 할까 하는 것이 깔려있다. 처절하고 고통스럽되 살아 생동하는 신명이 민요조의 가락에 실려 요동치고 있다. 그것은 서사의 재미가 전승민예의 형식을 타고 우리에게 다가오기 때문에 우리로 하여금 집단적 신명을 일으키게 하는 것이다. 어느새 비렁뱅이의 목소리로 둔갑한 만신은 '법'의 울타리를 교묘히 이용하여 '비럭질'을 일삼고 있는 판검사 같은 기득권층을 통렬하게 비판한다. 그러나 그것은 직설이 아닌 '각설이'의 서사를 동원하여 풍자와 해학의 기법으로 전달된다. 자칫 관념적 토로로 치우칠 수 있는 직설의 기법 대신 풍자와 해학의 기법으로 청중을 하나로 모으는 것이다. 집단적 신명은 여기에서 발생한다. 우리는 '아녀자를 겁탈'한 '숫기 왕성한' 동료를 '오살할 놈, 육시랄 놈, 썩을 놈, 잡놈' 하고 '온갖 욕설'을 퍼부으며 '산 채로 강변'에 묻는 장면을 보면서 처절한 신명, 고통의 신명을 느끼게 된다. 여기엔 '판검사'를 향한 날카로운 비판이 각인되어 있고, 그것은 또 사투리가 섞인 구어체의 문장과 친근감 있는 타령조에 실려 전달되기 때문에 그 어떤 신묘한 힘을 발동한다.

「호남평야」는 연작시이다. 각 장이 독립되어 있으면서 전체가 또 하나로 꿰어져 있다. 〈호남평야〉에서 드러난 현실은 개인사적인 것이면서 동시에 민족사적인 것이다. 개인사적인 절실한 체험은 민족사적인 체험으로 확대되면서 우리 시대의 가장 본질적인 문제에 가 닿는다. 농민문제, 외세문제,

분단문제, 환경문제, 그리고 가장 중요한 정신의 문제 등이 풍부한 서정의 옷을 입고 부각되는 것이다. 시인의 완숙한 기량은 개인사적 체험과 민족사적 체험을 씨줄 날줄로 교묘하게 교직하면서 그야말로 대서사시와 같은 풍경을 연출한다. 책을 덮는 순간 우리는 민족의 수난사가 파노라마처럼 스쳐 지나가는 것을 확인하게 된다. 그리고 그러한 서사적 풍경은 참담한 세월의 마디마디를 곰곰 되씹게 하고, 그런 참담한 세월 속에서도 우리 역사를 이어온 것은 '청보리 정신'이었음을 다시금 자각하게 한다.

> 눈보라 몰아치는 엄동설한에도
> 청보리 파릇파릇 자라고 있었다.
> (중 략)
> 세상사 막막하고 허덕거려질 때
> 호남평야 청보리밭에 나아가서면
> 이름 없는 민초들이 꿈틀거린다.
>
> -「청보리 약탕설」 중에서 -

'청보리 정신'은 밟히면 밟힐수록 고개를 쳐드는 선비의 정신, '푸른 하늘과 종달새를 머리에 인 채 두 팔로 어깨를 짜고' 일어나는 자유의 정신, 왠지 '막걸리 퍼마시고 부르는 육자배기 가락'이 들려올 듯한 그렇게 '넉넉하고 아늑하고 눈물겹게 충만한' 민초의 정신이다. 만신인 시인은 마지막으로 우리에게 바람에 일렁이는 그 '청보리'의 풍경을 제공한다. 지평선이 바라보이는 '호남평야', 거기에 만국기처럼 펄럭이는 '청보리'의 풍경을 보여줌으로써 우리를 오랫동안 그 안에 갇혀 있게 하는 것이다.

3

만신의 노래는 끝나지 않았다. 노래는 기억하는 자, 부르는 자에게 남아있다. 파노라마처럼 스쳐가는 '호남평야'의 풍경은 내 안에서 오랫동안 웽웽거리며 남아있을 것이다. 그러다 어느 순간 그 만신의 노래 한 구절이 내 입에서 튀어나올지도 모를 일이다. '청보리밭'을 거닐다가, 김제 만경들을 스쳐지나가다가, '전주 콩나물 비빔밥'을 먹다가, 시장통 한 구석에 좌판을 펼쳐놓고 멍하니 앉아있는 '쭈그렁 할머니'를 쳐다보다가, '보릿고개'를 넘어온 사람들의 처절한 이야기를 듣다가 나도 모르게 그 만신의 노래 한 구절이 생각나 흥얼거릴지도 모르는 것이다. 그것은 '수난삼대'를 거쳐오는 동안 꺾이고 밟힌 감정의 응축물이어서, 축조된 문장이 아니라 안으로부터 자연스레 터져 나온 흥이요 노래 그 자체여서 그만큼 전염되기 쉬운 것이다.

동학으로부터 이어지는 우리 민족의 수난사는 몇 몇 시인들에 의해 서사시 또는 장시의 형태로 쓰여 진 바 있다. 민족의 수난사는 각 개개인들의 삶을 강제하는 것에서 출발하기 때문에 분노의 정서를 표출하기 쉽고, 그런 까닭에 기존의 작품들은 관념으로 가득한 비장미를 연출하는 차원에 머무르는 경우가 많았다. 그러나 황송문의 「호남평야」는 삶의 구체적 형상을 통하여 그것을 넘어선다. 분노의 정서가 풍자의 옷을 입고 나타난다거나 비애와 연민의 정서가 해학의 옷을 입고 나타나 넘어서고, 대개의 경우 삶의 구체가 서정의 옷을 입고 나타나 그것을 넘어서는 것이다. 〈호남평야〉가 무어라 형언키 어려운 전율과 감동을 안겨주는 것은 바로 그 때문이다.

「호남평야」는 큰무당이 불러낸 '受難三代'의 이야기이다. 그 언젠가 나는 신씨할머니의 굿에서 빠져나와 몇 달을 앓아야만 했다. 〈호남평야〉는 또 몇 달을 앓게 할 것인지 모른다. 두려운 희열이 바로 그것이리라.

황송문론

—호남평야에 절여진 恨의 미학 -

장 백 일

문학평론가 · 국민대 명예교수

1

시는 시인의 참된 모습을 그리면서 민족의 마음을 표현한다. 모국어로써 민족의 얼을 대변하고 증언하기 때문이다. 그래서 시인은 민족의 얼을 캐내는 심리학자요 그 얼을 지키는 불침번이다. 나타낸 시에다 민족의 얼을 심을 때 시인은 참된 시인이요 심리학자다워진다. 이에 필자도 이 글에서 시인 黃松文의 연작시 「湖南平野」(『詩文學』 1999. 7 ~ 2000. 6)를 통해 민족의 무엇을 구하고 호소했는가를 통찰해내는 심리학자이고 싶다.

언제나 자연과 역사는 시를 낳는 어머니다. 자연은 시가 가야 할 방향을 정해주고 역사는 걸어갈 길을 줬다. 그래서 한국시의 특질을 근본에서 파악하려면 우리는 시인이 그려낸 자연과 역사 속으로 들어가지 않으면 안 된다. 특질은 비교로써 뚜렷이 나타나기 때문이다.

2

주지한 바 호남평야는 전라남북도 서부, 익산 · 김제 · 부안 · 고창 · 영광 · 광산 · 장성 · 함평 · 나주 · 영암 · 강진 · 해남군에 걸친 평야이다. 금강 · 만경강 · 영산강을 비롯해 해안 일대로 형성(면적 3천5백㎢)된다. 토질이 비옥하고 기후가 온화하며 관개시설이 우수해 한국 제일의 곡창을 이룬다. 그래 옛부터 호남평야의 민초(농민)를 '갯땅쇠'라 칭해 왔다.

곡창지대인 호남평야는 논으로 이뤄진다. 그 논에는 늘 물이 고여 갯벌처럼 질척질척하다. 그래서 '갯땅'은 갯벌의 땅이라는 뜻에서 유래된 말이요, '쇠'는 사람의 이름을 비하시키는 접미사이다. 그렇다면 '갯땅쇠'란 갯벌처럼 질척질척한 진땅에서 농사짓는 민초란 뜻이다. 그러나 역사의 수레바퀴가 호남평야에서 곤두박질을 칠 때마다 민초들은 생살 찢는 진통과 고뇌로 통곡했고 그로 절여진 원한은 오늘로 이어진다. 멀리는 임진왜란이 그랬고, 동학란이 그랬으며, 가까이는 일제 침략의 질곡이 그랬고, 민족상잔의 6 · 25와 학살의 5 · 18이 그랬다.

이렇듯 연작시 「호남평야」는 민족사에 얼룩진 민족의 원한을 시화한다. 즉 「序詩」, 「외얏밋들 1 · 2 · 3 · 4 · 5」, 「무덤 속의 눈 1 · 2」, 「장타령꾼의 눈」, 「삼백칠십장의 輓章」, 「嚴冬雪寒」, 「萬頃江」, 「창원황씨와 전주이씨」, 「농부」, 「螢雪의 江」, 「갈대바람」, 「아침 이슬」, 「비빔밥」, 「幼年의 肖像 1 · 2 · 3 · 4」,

「쥐불놓기」, 「紫雲英」, 「물레야 물레야」, 「爐邊情談」, 「장승」, 「깊이갈이」, 「보리밟기」, 「생일없는 백성」, 「還鄕女」, 「조선 막사발」, 「木花밭」, 「고름짜기」, 「보릿고개」「청보리밭 藥湯說」, 「井華水」, 「들판의 소」, 「허수아비論」, 「詩語 깊이갈이」, 「흙의 침묵」, 「벼의 사상」, 「江과 장작난로」 등으로 엮는다.

그는 민족의 아픔을 통찰하면서 민족의 진통과 고뇌로 절여진 통곡을 증언한다. 역사주의적 사회문화적 비평관으로써 한국근대사와 한국현대사에 얼룩지며 새겨진 민초의 오열과 통곡을 꿰뚫으면서 시적 증언으로 폭로하고 고발하는 비판적 리얼리즘으로서의 사회정의 구현을 추구하고 추적해 간다.

그 시적 증언의 시작은 「序詩」, 즉 인생의 바둑판에서 흑과 백이 싸우며 집나기를 하다가 무심코 집어든 기왓장에서 만나게 되는 백제의 미소, 그 미소 속에 살아 숨쉬며, 선(仙)과 선(禪)을 달관하는 호남평야의 소의 깨달음으로부터 열린다. 그 깨달음은 「외얏밋들」로 이어지면서 엄동설한에도 죽지 않고 살아나는 청보리처럼 풋풋한 봄으로 인고하는 강인한 민초(농부 · 농민 · 동학농민군 · 동학민병)의 생명력이다.

농기구로 자유와 평등을 절규하며 농부가를 부르다 쓰러진 민초의 원한의 생명력이다. 짓밟힐수록 피묻은 한을 딛고 일어서는 저항력이다. 눈보라와 빙벽의 험산 준령을 넘고 넘어 헐벗고 굶주리면서도 관군과 왜군에게 항거하는 저항정신이다.

민초는 나라의 뿌리다. 뿌리가 약하면 나라도 쇠

망해진다. 관에 짓밟힌 민초들이 혁명의 횃불을 들었음은 고종 31년(1894)이다. 가렴주구(苛斂誅求)의 타도에 목숨바친 '輔國安民'을 위한 '民'의 저항이다. 결국 민초의 봉기는 안으로 양반 사회에 짓밟힌 항거로써 일어난 혁명이요, 밖으로는 외국(일본)의 자본주의에 대한 항쟁이었다.

일제 침략은 그것대로 우리에게 피맺힌 한을 심었다. 원한은 시 「무덤 속의 눈」이 말하듯 호남평야는 죽음의 늪으로 변하면서 "두 눈만 살아남은 해골들이/붉은 흙속에서 노려보는" 통곡을 뿌렸다. 통곡 속에서 가짜가 진짜로 둔갑하는 세상사에 輓章을 휘날리며 세상을 비웃고 질타하는 거지의 장타령으로 짓밟히는 자신들을 원망도 해보았지만, 그들도 죽지 못해 사는 민초의 몰골이었다. 그 몰골로써 생존을 구걸하는 죽음의 늪을 헤쳐 왔음이다.

그러나 우리 민초는 모진 바람에도 죽지 않는 민초였다. 힘에 의해 자유가 구속되고 억눌렸어도 끈질긴 저항력으로 살아 왔다. 여기서 청보리밭을 휩쓸고 지나간 바람은 민초를 짓밟는 침략과 탄압의 바람이다. 힘이 약한 민초는 탄압에 무력하게 쓰러지지만 바람보다도 강력한 힘으로 버티는 뿌리는 뽑히지 않는 의로운 민초이다. "밟히면 밟힐수록 자꾸 일어나 더더욱 기를 쓰고 만세를 부른" 민초였다. 그래서 청보리인 민초는 엄동설한보다 먼저 일어나 저항했고, 그 저항으로써 생존을 구했다. 이는 우리만이 갖는 역사의 법칙이요 삶의 진리였다.

그 저항력으로하여 호남평야의 민초들은 국권이

풍전등화로 흔들리는 속에서도 양반과 토호의 횡포와 착취를 눈뜨고 노려보며 동진강을 오갔고, 풍비박산의 일제 식민지화로 시퍼렇게 멍든 수난의 강, 인욕의 강인 만경강을 핏빛으로 물들이면서 울었다. 그리고 밤도깨비에 남편을, 낮도깨비에 자식을 빼앗긴 조선 여인네들은 저토록 사연도 끝없는 애간장 녹인 남편과 자식의 한많은 무덤을 가슴으로 어루만지고 안으면서 눈물을 삼켜왔음이다.

그 원한 속에서도 농토를 빼앗기고 짓밟혀 거지가 된 호남평야의 민초들은 눈물을 씹으며 북간도에서 아라사에서 평생을 갈대바람 헤치며 방황했음이다. 그 역사의 소용돌이 속에서 수난 삼대를 불지르는 미친 바람이 이 땅을 불태웠음이다. 그로써 민둥만 남은 호남평야는 시대가 바뀌어도 통곡의 긴긴 밤을 외세로 불태우며 지새왔음이다.

그렇지만 세월이 가면 역사에는 추이(推移)가 있고 시간에는 변화가 있다. 그 추이와 변화를 달리한 호남평야의 통곡 속엔 세대가 바뀐 유년의 초상이 보인다. 할아버지가 동학농민군의 세대라면, 아버지가 일제 식민지하의 세대라면, 유년인 나는 이데올로기로 민족상잔의 아픔을 씹는 세대이다.

그 유년은 하늘과 땅에서 콩볶는 총소리를 들으면서 눈을 떴다. 어디론가 끌려가 소식도 없는 비탄속에서 온 마을이 할아버지와 아버지의 제사로 지새며 자랐고, 어머니의 애끓는 슬픔 속에서 고향의 아픔을 알았다.

어디 그 뿐인가. 시 「유년의 초상 · 3」이 증언하듯

"인민군에게 밥해줬다고 국방군의 총에 죽고", "국방군에 밥해줬다고 인민군 총에 죽는" 원수의 이데올로기로 몸서리쳤다. 그리고 시 「쥐불놓기」가 대변하듯 "불법이 많아지면 합법이 되는/허가낸 도둑들에 실망한 농부의 아들 딸들"은 세상을 아수라장으로 만든 "아귀(餓鬼)들, 축생(畜生)들, 정치꾼, 장사꾼, 온갖 잡귀(雜鬼)들"의 더러운 만행을 보기에도 바빴다. 이것이 유년기에 있었던 초상화이다. 이제 그 만행을 "솔가지로 쓸어내면서" 쥐불놓기로 태워서 참말로 사람답게 사는 나라이기를 염원하며 갈망한다. 진정 그런 나라이어야 한다.

3

한많은 수난의 아픔을 안은 호남평야에는 민족의 정애가 많고도 깊다. 시 「紫雲英」에서 속삭이듯 "화자는 나에게 꽃시계를 채워주고/나는 그녀에게 꽃목걸이를 걸어 주고" 새끼손가락을 걸었던 추억도 그립다. 시 「물레야 물레야」에서 신음하듯 "아들은 남양군도로 끌려가고/딸은 정신대로 끌려가고/끊긴 소식 기다리며 기다리며" 가슴 짜던 할머니의 애간장 끓던 울음 소리도 귓가에 새롭다.

朝鮮의 素紙 문풍지 우는 소리
등잔불 너울거리는 겨울
식어가는 질화로의 잿불을 다독이며
아득한 전설의 숲속을 들락거렸다.

고시 「爐邊情談」에서 들려주듯 "질화로의 잿불을 다독이며" 들려주던 할머니의 옛이야기는 더더욱 그리워진다. 그 고향의 할아버지가 시 「장승」이 밝히듯 "개처럼 끌리며 몰리며 實彈짐 진 채 끌려가다가/드르륵 드르륵 총살당하던 그 자리에 민들레 질경이만 모질게도 피어서" 한맺힌 원한을 끊질기게 증언하고 나는 그것을 확인하는 증인이다.

그런 호남평야에 혀꼬부라진 알파벳이 이식되면서 시 「깊이갈이」가 입증하듯 "뒤집어 갈아엎는 깊이갈이"의 논밭은 산업화의 농약을 마시다 잇달아 죽어갔다. "황소개구리에 쫓기우는/조선개구리들의 합창은 장송곡"이 됐고, 남북이 가로막혀 가도 오도 못하는 분단 앞에서 쓸개도 염치도 없는 한량의 선량들은 쩍쩍 갈라진 논바닥 앞에서 골프로 국정(國政)을 허송했다. 그리고 목숨 질긴 민초의 얼굴을 거짓으로 읽으면서 타락 정치를 자존심인 양 탐관으로 챙기며 나라를 좀먹었다.

그런 현실 속에서 산업화로 오염된 생태 파괴의 호남평야는 농약으로 멍들고, 깊이갈이하지 않는 위정자들의 마음밭(心田)은 불의와 부정과 불법과 패륜으로 멍들었다. 기실 "도시는 프리섹스로 지옥불이 붙고" 문명의 틈바구니에서 오래 전에 "다듬이질을 하시던 어머니는/창백한 형광등 문명에 감전사"했음도 이미 오래다. 타락한 문명사회에서 타락한 정치인은 타락한 정치일 수밖에 없음도 사필귀정이다.

그동안 우리 민초는 뽑히지 않으려고 흙속으로

파고들었다. 시 「생일 없는 백성」이 실토하듯 나라 잃은 진통과 고뇌 속에서 "남의 나라 눈치만 보고 사는 동안에/남의 나라 생일을 빌려 쓰는 동안에/자기 나라 생일도 저당잡혀먹고" 사는 동안에 생일 없는 민초가 되어버렸다.

"하늘에서 떠도는 흰구름도 찢겼다가 이어지고/이 땅에서 숨쉬는 즘승들도 짝을 찾아 노니는데" 어찌 우리만은 분단으로 생살을 찢는가. 외세가 빚은 집안 싸움에 날새는 줄 모르는 어리석음이 여기에 있음이다. 이것이 참말로 약소민족이 꿰뚫어야 할 역사의식의 교훈이 아닌가. 그 거울 속의 나를 보면서 전철을 밟지 않는 주인의식을 확립해야 할 역사의식이다.

당리당략에 눈이 멀어 나라 좀먹는 선량들
돈 받아 먹고 눈감아준 판검사, 변호사들

불법도 합법이 되게 허가 내주고 뒷돈 챙긴
이 나라 대감님들의 허리춤 붙들고 흔들면서
이 주색에 미치고 돈에 권세에 미친 놈들아
나라를 망해 먹는 사내놈들 저주하는 원귀들
해원성사하려고 고사상 돼지 입에 지폐 물린다.

그렇다. 위의 시, 「還鄕女」가 보여주듯 가렴주구하는 탐관오리의 행패는 나라를 망쳤음이다. 그 사내놈들을 저주하며 원귀로 떠도는 환향녀까지도 "살아서 찾아가지 못한 고향을 죽어서라도/찾아가도록 환향녀의 꿈을 이루게"해 줘야 한다. 시 「조선막사발」이 실행하듯 한풀이로써 심수관(沈壽官)이 "선조의 땅엘 찾아와서/하늘에는 환인천하 땅위에는 백의민족/흰색으로 빚어만든 막사발을 올려놓고/홍익인간 크신뜻을 펼치시길" 빌듯 우리의 소원인 통일을 빌어서 빚어내야 한다. 그로써 총구로 노려보는 남북 적대의 원한을 풀어가야 한다.

그리하여 시 「木花밭」이 염원하듯 "농부의 쟁기날에 걸려나온 수류탄 파편과/녹슨 따발총과 조선낫/피묻은 역사를 빨아 입고 일어나/새로운 언어로 깊이갈이 하여/새나라 새역사의 목화씨"를 뿌려야 한다. 시 「고름짜기」가 당부하듯 썩은 고름 빨아내고 깨끗한 나라를 만들어야 한다. 그런네 들려오는 것은 시 「보릿고개」가 들려주듯 썩어서 넘어지는 소리 뿐이다. 씨나락 까먹다가 무너지는 소리만이 요란할 뿐이다.

씨나락 까먹다가 성수대교 무너지는 소리
씨나락 까먹다가 삼풍백화점 무너지는 소리
돈이 되고 표가 되면 벌떼같이 몰려들어
여전히 씨나락 까먹기에 정신없는 소리

"후안무치(厚顔無恥)한 돈과 권력의 노예"가 되는 낯바닥일 뿐이다. 우리는 이미 엄동설한의 청보리밭에서 백의민족인 민초의 숨소리를 들었다. 시 「청보리밭 藥湯說」에서 한약 달이듯 "虛熱을 식히며" "펄펄 끓어제키는 용광로의 정신으로" 나라 구하는 청보리밭 같은 진국의 한약(나라 건강)을 달여야 한다. 첫새벽의 정화수로 나라 구하는 한약을 온 정성을 다해 달여내야 한다. 이것이 우리의 지상과제다.

지금 호남평야에는 시 「들판의 소」가 확인시키듯 "삭임질하던 소가 움직임을 멈춘 채/논갈이하는 경운기를 바라보고 있다." "그의 삭임질 속에는/삭여지지 않는 근심 걱정이 들어" 있다. 그것은 소가 아니라 철제의 경운기라는 사실이다. 들판의 논밭을 저 철제의 경운기에 빼앗긴 소는 "푸줏간으로 끌려가/피를 쏟으며" 골고루 나눠지는 신세로 전락한다. 그것도 모른 채 "어리석은 순진함에 머리를 숙이는/인욕과 순애의 아름다움을 삭임질"하는 소, 진정 그 소에서 우리는 도덕군자의 인도주의의 참뜻이 무엇인가를 배워야 한다.

시 「허수아비論」이 빈정거리듯 "장관이나 국회의원만 되어도/도무지 무서워하지 않는" 민초를 모르는 나리들을 우리는 보고만 있어야 하는가. "혀꼬부라진 소리로 꽈배기 틀어서/비굴하게 아첨 떨다가 한 몫 잡아서/고대광실에서 호의호식"하는 사대주의의 허수아비들을 못본 체 해야만 하는가. 그런 사대주의의 허수아비들은 뽑아버려야 한다.

진정 호남평야는 민족의 심장이요 동맥이다. 금강・만경강・동진강・영산강은 호남평야의 심장과 동맥을 잇는 젖줄이다. 그로써 호남평야는 곡창을 이룬다. 그래서 시 「詩語 깊이갈이」가 타이르듯 우리 "모두들 일어나 쟁기를 잡고/마음밭(心田)을 이랑이랑 갈아" 나갈 때 민족의 여명은 밝아 온다.

시 「흙의 침묵」이 증언하듯 "벼포기 벼포기가 볏다발로 뭉치고/볏다발 볏다발이 노적봉"을 이루며 호남평야가 곡창으로 넘실거릴 때 이 땅은 풍년가로 춤추게 된다. 그래서 "흙은 스스로 정답게 썩어짐으로/인종의 미덕을 장만"하는 그 침묵, 말하지 않는 침묵으로 전하는 흙의 진리를 우리는 깨달아야 한다. 그로써 더더욱 우리는 충실한 "의병으로 동학군으로 나아가 피뿌리는/이삭 같은 농부"여야 한다. 그로써 민족을 할퀸 상잔의 상처와 원한을 구비구비 누비며 흐르는 호남평야의 강물에다 씻어내면서 민족의 통일을 만들어내야 함이 또한 우리의 지상과제다.

호남평야는 민족사가 벼랑에 부딪치며 소용돌이를 칠 때마다 민족의 얼과 피를 곡창으로 지키는 불침번이었다. 탐과오리들에게 가렴주구의 착복을 당했을 때도 그 곡창이 일제 식민지하의 군산항으로 약탈당했을 때도 6·25가 빚은 이데올로기의 민족상잔으로 유린당했을 때도 수난 삼대의 호남평야는 흙의 진리를 침묵으로 지키며 민족의 얼과 피를 잇게 했음이다.

호남평야는 생살을 찢고 뼈를 깎는 탄압의 진통과 고뇌 속에서도 인고하며 민족과 함께 해 왔음이다. 그래서 호남평야는 민족의 보금자리요 터전이며 생존의 현주소이다. 그로써 원한의 밤을 지새면서 통일의 염원을 목쇠게 부르짖는 민족의 들개이고자 한다.

시 「江과 장작난로」가 다짐하듯 "이름도 없이 빛도 없이 사라져간 이름들을 부르며 나의 들개는 목쉬게 짖는", "목쉬게 목쉬게 짖는" 호남평야이고자 한다. 그로 북한의 굶주림을 해방시킴으로써 민족의 화해와 협력과 평화와 통일의 호남평야이고자 한다.

4

이상에서 우리는 시인 황송문이 그의 연작시 「호남평야」에서 무엇을 구하고 호소했는가를 들었다. 그것은 한국근대사와 한국현대사의 아픔을 꿰뚫는 민족의 증언이었다. 도탄으로 짓밟는 가렴주구의 탐관오리를 동학농민군의 혁명으로 질타하면서 구국했고, 일제 침략의 식민지하에서는 민족 저항으로써 이겨냈으며, 6·25의 민족상잔 등 수난 삼대가 겪은 민족사의 시적 증언이었다. 그로써 민족의 수난을 폭로·고발하는 리얼리즘의 비판정신을 사실적으로 대변하는 역사의식의 고취이었다. 그 증언을 아이러니와 페러독스 기법으로 형상화시켜준 점에서 나름의 특징을 보여준다. 그리고 호남평야의 어제와 오늘과 내일의 자화상을 역사의식으로써 확립시키는 교훈이고자 한다. 그 점에서 이 연작시는 더 큰 의의를 갖는다.

황송문 시집 **호남평야**

초판인쇄 2007년 9월 15일

초판발행 2007년 9월 21일

지은이 황송문

발행인 황송문

펴낸곳 문학세계사

주소 서울특별시 영등포구 문래6가 56-1
미주프라자 B-102호

전화 (016)561-5773, 팩스 (02)2637-9759

이메일 songmoon12@hanmil.net

등록 2005년 9월 20일 제318-2007-000001호

값 7,000원

• 배포처 자유문고 (02)2637-8988